AF499965

MÉLANGES

D'ÉPIGRAPHIE ET D'ARCHÉOLOGIE

SÉMITIQUES

PARIS

MAISONNEUVE ET Cie, LIBRAIRES-ÉDITEURS

15, QUAI VOLTAIRE

MÉLANGES

D'ÉPIGRAPHIE ET D'ARCHÉOLOGIE

SÉMITIQUES

PAR JOSEPH HALÉVY

PARIS

IMPRIMERIE NATIONALE

M DCCC LXXIV

TABLE DES MATIÈRES.

À

M. ADRIEN DE LONGPÉRIER,

MEMBRE DE L'ACADÉMIE

DES INSCRIPTIONS ET BELLES-LETTRES.

MÉLANGES

D'ÉPIGRAPHIE ET D'ARCHÉOLOGIE SÉMITIQUES.

INTRODUCTION.

Il semble qu'une fortune mauvaise, implacable, s'obstine à paralyser les efforts des orientalistes pour expliquer les faibles restes épigraphiques des Sémites occidentaux. Pendant que l'épigraphie des Sémites orientaux, l'assyriologie, grâce à un concours de circonstances favorables, est arrivée, dès le lendemain de sa naissance, à vaincre beaucoup de difficultés qui paraissaient insurmontables, pendant que les assyriologues traduisent les anciennes annales de Ninive et de Babylone, calculent les observations astronomiques des Chaldéens, pénètrent les mystères des théogonies babyloniennes, et, en traversant d'un pas de géant l'espace qui sépare la plaine de Sennaar des parages orientaux du lac d'Aral, s'élancent courageusement à la recherche de la civilisation primordiale de la race touranienne[1]; pendant que tous ces miracles s'accomplissent journellement, les interprètes des textes phéniciens, après un travail assidu de cinquante ans, en sont encore à discuter la

[1] Je parle ici d'après la conviction des assyriologues, résumée d'une façon très-claire par M. Fr. Lenormant, dans son ouvrage intitulé : *Essai de commentaire des fragments cosmogoniques de Bérose*, p. 42 et suiv. Selon eux, la basse Chaldée aurait été peuplée par des Scythes ou Touraniens, auxquels appartiendrait l'invention du système d'écriture cunéiforme. J'ai déjà exprimé à plusieurs reprises des doutes sur cette hypothèse, qui est contraire à toutes les notions historiques les mieux constatées. Je traiterai cette question dans un prochain travail, et j'espère démontrer que les inventeurs de cette écriture ne sont autres que les Assyro-Babyloniens eux-mêmes, c'est-à-dire des Sémites, et que le prétendu touranisme des Chaldéens est une création purement imaginaire.

lecture des mots, et s'estiment heureux lorsque, à force de peine et de labeur, ils parviennent à établir quelque fait nouveau qui ne soit pas immédiatement contesté.

Cette pauvreté de résultats semble avoir produit un certain découragement parmi les orientalistes français; ils paraissent désespérer d'arriver à une certitude quelconque, lorsqu'il s'agit d'interpréter des textes qui sortent de la banalité des formules votives. Un malaise général perce évidemment dans les paroles d'un des plus fidèles champions de la science phénicienne, lequel décrit ainsi l'état d'incertitude où se trouve actuellement l'épigraphie orientale : « Sur la cire de ces textes, dit l'auteur des Notes épigraphiques [1], chaque interprète met l'empreinte de son propre esprit, et l'image ainsi obtenue lui est d'autant plus chère, qu'elle est plutôt la création de sa fantaisie que la reproduction fidèle de la réalité; on défend donc son œuvre plutôt que celle de l'auteur qui a conçu l'inscription. » En présence d'un conflit d'interprétations plus ou moins fantaisistes, M. Derenbourg considère la discussion de grammaire comme étant seule profitable à la science : « Les formes grammaticales, dit-il, sont un champ infiniment plus solide et où il est beaucoup plus facile de s'entendre, l'imagination y perd tous ses droits, et la comparaison avec les autres dialectes sémitiques, surtout avec l'hébreu, est un moyen sûr qui peut et doit conduire à la vérité [2]. »

Cette peinture est peu consolante, mais elle devient vraiment sombre quand on considère qu'en réalité la grammaire est loin d'avoir échappé à l'esprit de système, et que sur plusieurs points importants la question grammaticale est résolue différemment par les orientalistes. Un exemple suffira pour montrer combien la moindre modification de lecture peut créer de formes grammaticales imaginaires. Les mots מזבח אז

[1] J. Derenbourg, *Notes épigraphiques* (*Journ. asiat.* janvier 1868, p. 87, 88).
[2] *Loc. cit.* p. 91.

ואר׳םאשנם de l'inscription de Citium veulent dire, tout le monde en convient : « Cet autel et deux..... » Dans cette phrase, la seule chose à remarquer est l'aleph prosthétique des mots אז et אשנם, fait dont il y a de nombreux exemples dans les autres textes phéniciens; mais cette coupure de mots si simple n'a pas été du goût de beaucoup d'exégètes. M. Levy préfère lire ואר׳מא שנם, en considérant l'aleph comme le suffixe de la troisième personne exprimé[1], sans penser que le mem caractéristique du pluriel ne pouvait pas y rester sans renverser une loi positive de la langue hébraïque. M. Schlottmann n'adopte pas seulement la lecture ואר׳מא, mais, par analogie, il sépare le groupe précédent en מזבחא ז, et voit dans l'aleph final la trace d'un ancien accusatif qui, ayant perdu son rôle primitif, se serait employé pour le nominatif[2]. Enfin M. de Vogüé[3], dont le tact épigraphique est d'une admirable justesse, déclare cependant que les aleph de אז et de אשנם sont l'article défini, comme le ה en hébreu[4]. Pourquoi se créer inutilement des difficultés quand la solution est si facile? C'est ainsi que l'amour de l'extraordinaire a gratifié le phénicien d'un futur paragogique avec noun et d'une voix *Ifil*. La première forme supposée par M. Schlottmann dans les mots יְדַבְּרֶנְךָ, יַעַמְסֶן disparaît devant une meilleure intelligence du contexte, qui exige partout le pluriel יְדַבְּרֻנְךָ, יַעַמְסֻנ. Le yod du prétendu *Ifil* n'est que la lettre ה affaiblie et fondue avec la voyelle *i*, qui le suit immédiatement; devant d'autres voyelles, le ה pré-

[1] Levy, *Phönizische Studien*, 3e fascicule, p. 9.

[2] Schlottmann, *Die Inschrift Eschmounazars Königs der Sidonier*, p. 172.

[3] *Mélanges d'archéologie orientale*, p. 17, 18.

[4] L'opinion que le א remplace en phénicien l'article ה de l'hébreu a été soutenue par Gesenius, qui, entre autres preuves moins exactes, cite le nom de la ville de Cadix, qui s'écrit tantôt הגדר, tantôt אגדר, mais cette dernière forme représente la prononciation libyque. En langue libyque ou berbère, presque tous les mots masculins commencent par א (voir mes *Études berbères*, au chapitre du nom). Les Libyens formaient la masse de la population dans les colonies carthaginoises de l'Espagne et des îles de la Méditerranée.

formatif ne pouvait pas manquer d'être mieux senti dans la prononciation. Même devant la voyelle *i*, la perte du ה n'est pas générale, car il apparaît dans deux exemples décisifs : dans la formule הנכת עבנת תחת אבנז, dont nous parlerons plus loin, et dans Néop. 3o, qu'il faut lire לְאָדֹן לְבַעַל הַקֹּדֶשׁ בִּיָא נַעֲהַלְמַלְךְ, *Domino Baali consecravit Bia Nahalmalik*, et non pas avec M. Schrœder[1] et autres ל״ל הַקָּדֹשׁ ביא (=הֵבִיא) נע״, *Domino Baali sancto. Obtulit Nahalmalik.* ביא est un nom propre libyo-phénicien qui revient dans une inscription numidique[2].

Les pages qui suivent ont pour but de soumettre à un nouvel examen tous les textes sémitiques controversés. En suivant la voie que nous nous sommes tracée dans notre *Essai sur l'inscription de Marseille*[3], nous espérons diminuer considérablement les difficultés, car nous ne nous flattons pas de les faire disparaître entièrement. Notre intention est d'agiter de nouveau les problèmes et de ne pas laisser la science phénicienne se réduire à de stériles questions de grammaire. Loin de vouloir refaire tout à neuf, nous adopterons volontiers les opinions de nos devanciers toutes les fois qu'elles satisferont le sentiment sémitique et qu'elles seront appuyées par des analogies certaines. Dans les cas douteux, nous accepterons de préférence les solutions naturelles et simples, et nous écarterons les conjectures trop hasardées. Cette révision s'étendra successivement sur toutes les inscriptions sémitiques publiées jusqu'à ce jour : phéniciennes, hébraïques, araméennes et éthiopiennes. Les inscriptions sabéennes seront traitées à part, dans un travail qui est en voie de préparation[4]. C'est ainsi que nous voulons servir la science sémitique, que la publication du *Corpus*

[1] Schrœder, *Die phönizische Sprache*, p. 313.

[2] Faidherbe, *Collection complète des inscriptions numidiques*, n° 194.

[3] *Journ. asiat.* 1869.

[4] Ce travail se publie dans le *Journal asiatique* sous le titre d'*Études sabéennes* (voir *Journ. asiat.* mai-juin et octobre 1873).

inscriptionum semiticarum va bientôt transformer en science française.

§ 1. — INSCRIPTION D'ESCHMOUNAZAR, ROI DE SIDON.

Ce texte précieux, le plus étendu des documents phéniciens connus, a donné lieu à un grand nombre de mémoires, parmi lesquels les travaux de Munk et de Levy se recommandent par un profond sentiment sémitique; mais la science phénicienne était, à cette époque, à ses débuts, et leurs efforts échouèrent dans l'explication de certains détails qui sont d'un grand intérêt. En 1868, M. Schlottmann s'est imposé la tâche de mettre en ordre les nombreuses interprétations divergentes et de résoudre les difficultés qui restaient encore. Son livre, intitulé *Die Inschrift Eschmounazars Königs von Sidon*, est remarquable par une érudition aussi vaste que profonde. L'auteur traite souvent les questions grammaticales, et on lui doit les preuves, en faveur de l'opinion de M. Ewald, que le suffixe de la troisième personne du singulier masculin se prononçait en phénicien *ê* comme en araméen, et non pas *ô* comme en hébreu. Quant à l'interprétation du texte même, je regrette de dire que, malgré plusieurs remarques très-justes, j'ai de la peine à y découvrir un véritable progrès. On est même obligé de reconnaître que, dans la coupure des périodes et de certains mots, M. Schlottmann n'a pas eu la main très-heureuse. Sur ce point, j'adhère entièrement à l'appréciation de M. Derenbourg[1].

Notre inscription, composée de vingt-deux lignes, se divise en deux parties très-inégales. La première partie, qui renferme un peu moins de deux lignes, forme l'introduction de l'épitaphe et donne la date de la mort du roi Eschmounazar, dans la bouche duquel est mis le discours qui suit. La seconde partie contient le discours même, dont le but est de préserver le tom-

[1] *Notes épigraphiques* (*Journ. asiat.* janvier 1868, p. 88).

beau contre les profanations. Le discours est conçu dans un style ferme, coulant et animé d'un léger souffle poétique; la diction, pleine d'onction et de dignité, émeut et persuade en même temps qu'elle effraye et menace des plus terribles châtiments les sacriléges profanateurs du lieu du repos éternel. Les périodes, formées par la réunion de phrases bien coupées, et entremélées de propositions incidentes et de pieuses exclamations, sont arrangées avec art et de façon à produire un grand effet.

Le royal défunt lance tout d'abord l'anathème contre ceux qui oseraient violer son tombeau, et prévient les profanateurs qu'ils ne doivent pas s'attendre à y trouver des trésors cachés, comme le supposait la superstition des Orientaux. Le seul intérêt qui pourrait tenter leur cupidité, la possession du sarcophage ou de la grotte, ne vaut pas la peine de s'exposer aux suites de sa malédiction, qui amèneront infailliblement leur perte et l'extinction complète de leur race, quelle qu'elle soit, noble ou plébéienne. Pour l'exécution de ses menaces, il est assuré du concours des dieux saints, qu'il a constamment servis et aimés, et dont la faveur particulière lui avait accordé la puissance pendant sa vie et lui accordera l'immortalité après sa mort.

Dans la seconde subdivision du discours, le royal défunt, pour justifier ses prétentions à la piété et à l'immortalité, fait l'énumération de nombreuses constructions qu'il avait exécutées de son vivant avec la coopération de sa mère, prêtresse de la grande déesse nationale, en l'honneur des dieux de la Phénicie en général et des dieux de Sidon en particulier. Plein de confiance dans ses mérites, il est convaincu que ces œuvres pieuses et agréables aux dieux porteront un jour un grand bonheur à sa patrie; car les grands dieux, qui disposent des royaumes à leur volonté et au profit de ceux qu'ils aiment, ne manqueront pas de restituer aux Sidoniens la riche et fertile plaine de Scharon avec les villes maritimes de Dor et d'Ioppé, qu'ils avaient perdues quelque temps auparavant; tout bon patriote doit, par conséquent, veiller à ce que le tombeau du pieux roi soit respecté. Avec cette exposition, le but principal de l'épitaphe est parfaitement atteint; il ne reste plus à l'auguste orateur qu'à récapituler brièvement les anathèmes prononcés, et à en rehausser l'importance par quelques expressions énergiques qui pénètrent dans l'âme et qui rendent l'impression indélébile.

Cette marche régulière et graduée et cet enchaînement logique des idées développées dans le royal discours n'ont pas été suffisamment reconnus par les interprètes qui m'ont précédé; voilà pourquoi les lecteurs n'ont pas été à même d'apprécier à sa juste valeur ce beau spécimen de la prose populaire des Phéniciens. Certaine circonstance extraordinaire, comme, par exemple, la prétendue prière que, d'après l'avis de mes prédécesseurs, Eschmounazar aurait adressée au grand roi de Perse pour qu'il donnât aux Sidoniens une province de Palestine, circonstance qui a influé sur la fixation de la date de l'inscription, disparaît ainsi devant une meilleure intelligence du texte. Mais hâtons-nous de donner la traduction du document à notre point de vue.

Texte.

(1) בירח בל בשנת עסר וארבע IIII למלכי מלך אשמנעזר מלך צדנם (2) בן מלך תבנת מלך צדנם דבר אשמנעזר מלך צדנם לאמר :

ונזלת (3) בל עתי בן מסכ ים מאז רמי תם בן־אלמת ושכב אנך בחלת ז ובמקם ז (4) במקם אש בנת קנמי את כל ממלכת וכל אדם אל יפתח אית משכב ז (5) ואל יבקש בן מנם כ אי שם בן מנם ואל ישא אית חלת משכבי ואל יעמסן (6) במשכב ז עלת משכב שני אף אם אדמם ידברנך אל תשמע ברנם כ כל ממלכת (7) וכל אדם אש יפתח עלת משכב ז אם אש ישא אית

חלת משכבי אם אש יעמסן (8) במשכב ז אל יכן לם משכב את רפאם ואל
יקבר בקבר ואל יכן לם בן וזרע (9) תחתנם ויסגרנם האלנם הקדשם אתם
מלך אדר אש משל ·בנם (10) לקצתנם אית ממלכת ואית אדם הא אש יפתח
עלת משכב ז אם אש ישא אית (11) חלת ז ואית זרע ממלכת הא אם אדם
מהמת אל יכן לם שרש למט (12) ופר למעל ותאר בחים תחת שמש כ אנך
נחן נגזלת בל עתי בן (13) מסך ים מאז רמי תם בן אל־מת אנך·

כ אנך אשמנעזר מלך צדנם בן (14) מלך תבנת מלך צדנם בן בן מלך
אשמנעזר מלך צדנם ואמי אמעשתרת (15) כהנת עשתרת רבתן המלכת בת
אשמנעזר מלך צדנם[1] אש בנן אית בת (16) אלנם אי[ת בת מלקר]ת בצדן
ארץ ים וישכן אית עשתרת שמם אדרם ואנחן (17) אש בנן בת לאשמ[ן
שר] קדש עני דלל בהר וישבני שמם אדרם ואנחן אש בנן (18) בתם לאלנ
צדנם בצדן ארץ ים בת לבעל צדן ובת לעשתרת שם־בעל ועד יתן לן אדנ
מלכם (19) אית דאר ויפי ארצת דגן האדרת אש בשד שרן למדת עצמת
אש פעלת ויספננם (20) עלת גבל ארץ לכננם לצדנם לעלם·

קנמי את כל ממלכת וכל אדם אל יפתח עלתי (21) ואל יער עלתי ואל יעמסן
במשכב ז ואל ישא אית חלת משכבי לם יסגרנם (22) אלנם הקדשם אל
ויקצן הממלכת הא והאדם מהמת וזרעם לעלם·

Traduction.

(1) Au mois de Boul, l'an quatorze (XIV) du règne du roi Eschmounazar, roi des Sidoniens, (2) fils du roi Tabnit, roi des Sidoniens, Eschmounazar, roi des Sidoniens, parla en disant :

«J'ai été emporté (3), avant mon temps, au milieu de ceux qui sont séparés du jour[2], lors de ma grandeur (litt. élévation); (j'ai été) pieux, fils d'immortalité, et je suis couché dans ce cercueil et dans ce tombeau (4), dans le lieu que j'ai construit.

«J'adjure (litt. mon anathème est avec) tout noble et tout homme

1 Le texte porte אם.

2 Ou bien : *J'ai péri. . . au milieu des flots de la mer.*

qu'ils n'ouvrent pas cette couche (funèbre) et (5) qu'ils n'y cherchent pas de l'argent, car il n'y a pas d'argent, et qu'ils n'enlèvent pas le cercueil qui me sert de couche, et qu'ils ne me (6) transportent pas avec cette couche sur une autre couche; même si des hommes te disent (de le faire), n'écoute pas leur ordre, car tout noble et tout (7) homme qui ouvriront la chambre de cette couche, ou qui enlèveront le cercueil qui me sert de couche, ou qui me transporteront avec cette (8) couche, n'auront pas de couche auprès des Raphaïm, ni ne seront ensevelis dans un tombeau, ni ne laisseront (litt. n'auront) de fils et de postérité (9) à leur place; et les dieux saints les livreront à un roi puissant qui les maîtrisera, de façon à les (10) exterminer, savoir : le noble ou l'homme (plébéien) qui ouvriront la chambre de cette couche, ou qui enlèveront (11) ce cercueil, ainsi que la postérité de ce noble ou de cet homme de la plèbe. Ils n'auront ni racine en bas, ni (12) fruit en haut, ni figure parmi les vivants; car, moi, plein de grâce, j'ai été ravi avant mon temps, lors de ma grandeur, au milieu de ceux (13) qui sont séparés du jour; j'ai été pieux, fils d'immortalité.

«En effet, c'est moi, Eschmounazar, roi des Sidoniens, fils du (14) roi Tabnit, roi des Sidoniens, petit-fils du roi Eschmounazar, roi des Sidoniens, et ma mère, Emᶜaschtoret, (15) prêtresse de notre dame Aschtoret, la reine, la fille du roi Eschmounazar, roi des Sidoniens, qui avons construit les maisons des (16) dieux : la maison de Melqart dans Sidon, côte maritime; et certes il nous fera voir l'Aschtoret des cieux magnifiques!; et c'est nous (17) qui avons construit dans la montagne un temple pour Eschmoun, prince de sainteté qui exauce (la prière du) souffrant; et certes, il me fera habiter les cieux magnifiques!; et c'est nous qui avons construit des temples (18) pour les dieux des Sidoniens dans Sidon, côte maritime : un temple pour le Baᶜal de Sidon et un temple pour l'ᶜAschtoret des cieux de Baᶜal; et certes les seigneurs des rois nous donneront encore les (19) villes de Dor et d'Ioppé, les magnifiques pays de blé qui sont dans la plaine de Scharon, en récompense des œuvres méritoires que j'ai exécutées, et ils les ajouteront (20) aux domaines de la patrie, pour qu'elles restent aux Sidoniens à tout jamais.

«J'adjure tout noble et tout homme qu'ils n'ouvrent pas ma chambre (21) et qu'ils ne fouillent pas ma chambre, et qu'ils ne me transportent pas avec cette couche, et qu'ils n'enlèvent pas le cercueil qui me sert de couche, afin que (22) ces dieux saints ne les livrent pas (aux mains de leurs ennemis), et afin qu'ils n'exterminent pas ce noble et (cet) homme plébéien et leur postérité à tout jamais.»

Commentaire.

Introduction; date de la mort du roi. ירח «lune, mois», expression poétique en hébreu; dans la prose elle est ordinairement remplacée par le mot חדש, qui désigne particulièrement la nouvelle lune et sert aussi à former des noms propres. — בֻּל le huitième mois de l'ancien calendrier juif correspond au Marḥeschwân מַרְחֶשְׁוָן (octobre-novembre) du calendrier actuel. La leçon *Boul* est adoptée par la Massore dans le verset 38 du sixième chapitre du premier livre des Rois, tandis que les Septante lisent ce mot *Ba'al*. Cette dernière leçon, qui suppose l'élision de l'aïn est moins probable; le terme בֻּל signifie «grande humidité, averse». — שנת «an» : ce mot est écrit *plene*, comme en hébreu; dans d'autres textes phéniciens, ainsi que dans l'inscription de Mêscha', on rencontre l'abréviation שת, qui est un aramaïsme bien caractérisé. — עסר וְאַרְבַּע «quatorze». En hébreu on dirait אַרְבַּע עֶשְׂרֵה; il paraît être de règle générale en phénicien que les unités affectées de la conjonction suivent les dizaines; ceci est conforme à l'usage de la langue éthiopienne. Après l'expression phonétique, les nombres sont encore exprimés en chiffres; on trouve ce procédé dans les épigraphes d'autres peuples sémitiques, notamment chez les Sabéens. — אשמנעזר, nom composé signifiant «le dieu Eschmoun a aidé», comparable au nom biblique אלעזר «Dieu a aidé». Pour l'étymologie du nom divin Eschmoun, voyez mon Commentaire sur l'inscription de Marseille; j'y reviendrai encore plus bas. — צדנם. Cette expression ne désigne pas seulement les habitants de Sidon, elle est aussi employée dans un sens topographique pour la ville de Sidon avec son territoire immédiat; la forme du pluriel, ou peut-être du duel, indique les principaux quartiers de la ville situés les uns le long de la côte, les autres sur un terrain élevé, à l'est. Ceci sera constaté à la ligne 15.

Ligne 2. תבנת à prononcer *Tabnit* ou peut-être *Tabnout* comme le phénicien Βήρουτ = בְּרֻת en comparaison avec l'hébreu בְּרִית. תבנת est identique à l'expression hébraïque תַּבְנִית «forme, image», qui, de même que ses synonymes תאר et צורה, devient un nom propre en phénicien. L'étymologie de ce nom, donnée par M. Levy, est difficilement acceptable. דבר....לאמר «parla.... en disant», formules des plus fréquentes de la Bible.

A. — Première division du discours.

a. Prologue. La mort prématurée du roi, son règne puissant et vertueux, et son enterrement en cet endroit.

Ce prologue, qui ouvre le royal discours, forme une période composée de trois propositions, dont les deux premières ont donné lieu à une grande divergence d'opinions. On a présenté des traductions si bizarres, qu'on ne peut pas s'empêcher de reconnaître combien les études sémitiques sont arriérées, malgré le grand nombre d'ouvrages didactiques. On doit vraiment savoir gré aux Massorètes d'avoir, à temps, ponctué et séparé les mots du texte biblique; sans eux, on ne saurait dire ce que serait devenue l'exégèse soi-disant scientifique. Comme je n'ai pas l'intention de faire l'histoire des interprétations qui ont été tentées sur ce passage, je me bornerai à discuter les traductions de Munk et de Levy, qui me paraissent être les plus sérieuses; celle de M. Schlottmann fait honneur au génie de l'auteur, mais ne satisfait pas. Entre les premiers orientalistes il règne un accord parfait relativement au groupe נגזלתבלעתי, qu'ils lisent נִגְזַלְתִּ בל עתי «j'ai été ravi avant mon temps». Cette lecture me paraît excellente, et je me hâte de l'accepter. Le groupe suivant est beaucoup plus difficile : Munk en détache tout d'abord la phrase בן מסך ימם, qu'il traduit par «fils de peu de jours», en comparant, grâce à une ingénieuse combinaison, l'expression מסך ימם à l'hébreu מסְפַּר ימים, ou יְמֵי מִסְפָּר; mais cette supposition rencontre un obstacle insurmontable : l'expression hébraïque בן מספר ימים désigne un âge peu avancé, l'âge de l'enfance; cependant Eschmounazar est mort après un règne de quatorze ans; peut-on imaginer qu'il ait commencé à régner étant encore enfant? Et même si l'on voulait se résigner à cette alternative, l'idée d'un âge peu avancé s'accorde difficilement avec la circonstance mentionnée expressément dans notre passage, que le tombeau a été fait par le roi, même de son vivant; or un roi à la fleur de l'âge ne pense pas d'ordinaire à se construire un tombeau. Il est plus naturel de supposer que le roi avait atteint un âge où l'on devient sérieux, à peu près 40 ou 45 ans; sa mère pouvait avoir alors 55 ou 60 ans. Ainsi donc, l'expression « fils de peu de jours » ne convient plus à un homme assez avancé en âge. Ajoutons que cette expression constituerait une tautologie fatigante à côté de la phrase précédente « avant le temps ». Ces inconvénients disparaissent dans la traduction de Levy, qui lit בֵּן מְסַכֵּ יָמִם « au milieu des flots des jours »: mais l'expression « flots des jours », fût-elle même sémitique, indiquerait plutôt la continuation que la cessation de la vie.

Le groupe suivant אזרמיתמבנאלמת a été lu par Munk אָז דָמִית מִבֵּן אֶל מָת « lorsque, sans avoir de fils, je fus retranché pour la mort ». Cette explication a été écartée par Levy, par la raison que l'emploi du yod quiescent au milieu des mots ne saurait être toléré dans l'orthographe du verbe דָמִית, qui, à l'exemple de בנת (l. 4), devait s'écrire sans yod. Levy sépare ainsi les mots אָז דָם יִתֹּם בֵּן אֵל « alors devenu muet cessa le fils de Dieu » (*verstummend dann hörte auf der Göttersohn*); quant au mot מת, il le rattache au terme suivant et lit מֵת וְשֹׁכֵב « je suis couché mort » (*ein Todter liege ich*). Le savant épigraphiste est si peu satisfait de cette interprétation, qu'il en propose une autre : le mot אז serait pour ארז « cèdre », et, en lisant רם avec rêsch, il obtient la phrase « un haut cèdre, disparaît le fils de Dieu » (*eine hohe Ceder, schwindet dahin der Göttersohn*). M. de Vogüé a déjà fait justice de l'identification de אז avec ארז, et je n'ai pas besoin de m'y arrêter; de plus, la forme de l'imparfait יִתֹּם paraît inopportune entre deux verbes au parfait נגזלת — בנת; et c'est pour obvier à cette difficulté que M. Schlottmann lit יָתֹם בֵּן אִלְמַת « orphelin fils du silence »; mais ne sent-on pas combien l'épithète d'orphelin est étrange dans la bouche d'un homme adulte et dont la mère vit encore? On voit que la période que nous venons de discuter a grandement besoin d'une nouvelle explication. Nous essayerons de l'aborder par le dernier groupe תמבנאלמת, que nous n'hésitons pas à lire תַּם בֵּן אַל־מַת « pieux, fils d'immortalité »; nous le prenons pour une formule élogieuse sur le caractère du défunt, mise dans sa bouche. On se rappelle que l'expression תם בחים ou תם בחיא « il (elle) a été pieux (pieuse) pendant sa vie », qui répond à la formule latine *pius* (*pia*) *vixit,* est très-fréquente dans les inscriptions funéraires des Carthaginois. Je regarde אַל־מַת comme parfaitement identique à l'expression hébraïque אַל־מָוֶת « immortalité » (Proverbes, XII, 28). Le mot בן « fils » sert à former des adjectifs : ainsi בן־מות « fils de mort » désigne celui qui a mérité la mort par ses mauvaises actions (I Sam. XX, 31); de même on dira légitimement בֵּן אַל־מָוֶת « fils d'immortalité », pour caractériser l'homme vertueux qui a mérité l'immortalité par ses bonnes actions, c'est ce qui a lieu dans notre passage בֵּן אַל־מַת; car, grâce à une donnée formelle de Philon de Byblos, nous savons que le substantif « mort » se disait en phénicien *mout* (Orelli Sanchon. p. 36). En accord avec cette interprétation, nous trouverons aux lignes 15, 16, 17 et 18 l'énumération détaillée des œuvres pieuses exécutées de son vivant par le roi.

Si, comme nous l'espérons, nous avons bien saisi le sens de ce passage, il devient évident que le groupe précédent ne peut former que la locution מֵאָז רָמִי « lors de mon élévation =

puissance », parallèle à l'hébreu מֵאָז אַפֶּךָ « lors de ta colère » (Psaumes, LXXVI, 8). Il reste donc le groupe בנמסכים, qui se coupe nécessairement en בן מסכ ים, où le premier mot בן ne peut être que la proposition בֵּין « au milieu » ; le mot ים peut présenter ou le substantif יָם « mer » ou le substantif יום « jour ». Dans le premier cas, on devra prendre מְסָכֵ pour le pluriel de מֶסֶךְ « mélange » (Psaumes, LXXV, 9), mot qui au besoin pouvait désigner les ondes écumeuses ; il résulterait de cette interprétation que le roi avait trouvé la mort dans un naufrage, ce qui n'est pas impossible. C'est à cette opinion que je me suis attaché longtemps ; cependant elle me paraît s'adapter fort peu à la teneur générale de notre passage, car la phrase incidente « avant mon temps » implique visiblement une mort naturelle et non pas violente, puis un homme noyé dirait certainement נִגְזַרְתִּ « j'ai péri », comme dans le passage צָפוּ מַיִם עַל רֹאשִׁי אָמַרְתִּי נִגְזָרְתִּי (Lament. III, 53), tandis que נִגְלַתִּי est une expression beaucoup plus faible[1].

Par suite de ces considérations, nous sommes forcés de lire בֵּן מְסַכֵּ ים (j'ai été emporté avant mon temps) « au milieu de ceux qui sont séparés du jour », c'est-à-dire au milieu des morts habitant l'Orcus, endroit où règne une nuit éternelle. Dans les écrits hébreux, le pays des morts est représenté comme un immense couloir souterrain, barré de tout côté pour empêcher d'en sortir, ce sont les מְצָרֵי שְׁאֹל « barrières de l'Orcus » citées dans Psaume CXVI, 3, appelées aussi בְּרִיחִים « verrous » (Jonas, II, 7). Le mot מְסַכֵּי est le participe hifil du radical סכך ; ainsi on lit (Job, XXXVIII, 8) וַיָּסֶךְ בִּדְלָתַיִם יָם « Dieu a barré la mer avec des battants » ; de même l'expression וַיָּסֶךְ אֱלֹהַ בַּעֲדוֹ (Job, III, 23) « Dieu a mis des barres autour de lui » désigne un homme qui est incapable de sortir de la mauvaise situation

[1] Il faut cependant remarquer que le Talmud prend l'expression mischnique דיני גזלות dans le sens de דיני גזרות, ce qui démontre l'identité de גזל et גזר dans le dialecte populaire.

où il se trouve; à plus forte raison les morts peuvent-ils être qualifiés de מְסַבִּ ים «entourés des barres», de façon qu'il leur est impossible de retourner dans le monde des vivants où il fait jour.»

חלת «cercueil» paraît dériver de la racine חלל «être creux» (Munk, Levy), à laquelle on peut comparer le syriaque ܚܠܬܐ «fourreau» et l'hébreu חַלָּה «gâteau creux au milieu». Il faut ponctuer חַלַּת ou חִלַּת.

ז démonstratif invariable, à prononcer, זְ = זוּ également invariable en hébreu; sa forme collatérale est זְ = זֶה au féminin זֵת (*syth*, pœnulus) = hébreu זאת.

אש pronom relatif comparable à l'hébreu שַׁ, שֶׁ; l'aleph est prosthétique, comme dans אז pour ז; on le prononçait *is*, à en juger d'après la transcription du Pœnulus, *Yssiddobrim* = יֵשׁ שֶׁדְבָרִם, *ys chil chon them liful* = אש כל כן הם לפעל, etc. Il ne paraît avoir rien de commun avec le relatif אֲשֶׁר, qui provient visiblement du radical אשר «diriger», et comme substantif «direction, pas, endroit», etc. Les autres mots de ce passage n'ont pas besoin d'explication.

b. Exhortation contre les tentatives de profaner son tombeau.

Le groupe קנמיאת a été bien séparé par Munk en קנמי את «mon adjuration est avec = j'adjure»; la signification de serment pour קונם est fréquente dans le Talmud, où il est expressément indiqué que ce mot était une expression païenne (Nedarim, fol. 10). La particule את s'écrit ici et à la ligne 20 sans yod. On ne peut pas s'empêcher d'y voir une raison étymologique bien fondée. En effet, la préposition את «avec» est contractée de אנת, l'équivalent du gueez እንተ et du copte ⲉⲛⲧ, et c'est pourquoi on dit avec des suffixes אִתִּי, אִתּוֹ, en remplaçant le noun par dagesch; l'autre את, signe de l'accusatif, présente réellement un complexe dans lequel entre organiquement le pronom personnel הוא joint à un ת enclitique, comme le prouve la forme archaïque conservée en éthiopien ዎእቱ; aussi dit-on avec des suffixes אותי, אותך, אותו, etc. Notre texte montre donc un juste sentiment étymologique en distinguant le signe de l'accusatif par l'insertion d'un yod[1]. Cette orthographe réfléchie est peu ou point observée dans d'autres textes.

כל ממלכת וכל אדם «tout noble et tout homme». Sous la qualification de ממלכת «royaume», il faut entendre la classe noble, dont les membres pouvaient seuls avoir des prétentions au trône; ainsi Juba, le roi de la Mauritanie, prend le titre de ממלכת dans les légendes monétaires, pour indiquer qu'il descend d'une famille illustre. Ce terme implique aussi bien le roi régnant que les prétendants au gouvernement; voilà pourquoi je l'ai traduit par «noble».

Les verbes יפתח, יבקש, ישא, יעמס sont au pluriel, comme il ressort des suffixes des mots תחתנם, ויסגרנם qui se rapportent à plusieurs sujets à la fois.

אל יבקש בן מנם כ אי שם בן מנם, ce passage est ordinairement traduit «qu'ils ne cherchent pas auprès de nous des trésors, car il n'y a pas là auprès de nous des trésors». Nous avons peine à attribuer au mot בן le sens de l'hébreu בֵּנוּ «auprès de nous», car l'expression «nous» semble étrange après des singuliers répétés tant de fois dans les termes קנמי, אנך, בנת. Encore plus étrange est la conception de בן מנם comme «fils des mines = un objet précieux, un joyau», soutenue par M. Schlottmann, lequel compare la locution talmudique בר זווא et בן פרס. Mais le qualificatif בר זווא ne s'emploie qu'avec un substantif comme מאנא «habit», etc., tandis que l'expression בן פרס se rencontre seulement en comparaison avec מנה; ainsi מנה בן פרס «une mine fille d'une demi-mine» se dit mé-

[1] Rien n'oblige, par conséquent, à penser qu'il faille ponctuer אִית, comme on l'a souvent supposé. Dans le Pœnulus, cette particule est transcrite *yth*.

taphoriquement d'un savant qui surpasse son père en célébrité, comme on dit d'un ignorant qui a eu un père savant : חלא בר חמרא « vinaigre fils du vin », et *vice versa*. Mais, de même qu'on ne dira pas בר חמרא ou בן פרס pour désigner un objet de valeur, de même on ne dira pas tout simplement בן מנם, surtout avec le pluriel מנם ; car, quoique le *zouz* représente la monnaie courante avec laquelle on calculait ordinairement, on ne saurait pas employer le pluriel בר זוזין. Le mot בן ne peut donc être que la particule de lieu avec un suffixe, non pas le suffixe de la première personne au pluriel בְּנֻ, car, outre le changement subit du nombre dont je viens de signaler l'inopportunité, il y a cette difficulté insurmontable que le ב implique la notion de l'intérieur du sujet auquel il est rattaché par le suffixe, de sorte qu'en employant même le singulier, la phrase אַל יְבַקְשׁוּ בִּי מָנִים serait inconcevable ; il faudrait אַל יְבַקְשׁוּ אִתִּי מָנִים. Il reste une seule leçon, c'est בֶּנֶ, forme analogue à l'hébreu תַּחְתֶּנָּה pour תַּחְתָּה, ou plutôt בֶּנֶ, d'accord avec la prononciation phénicienne du suffixe.

אי, négation rare en hébreu : אי־כבוד (I Sam. IV, 21) ; אִי־נָקִי (Job, XXII, 30) est l'expression usuelle en langue gueez. — Le mot שם, lu par Munk שָׁם « car personne n'a placé auprès de nous des trésors », est prononcé שֵׁם par Levy, qui traduit trop littéralement : « car il n'y a pas là auprès de nous des trésors » (*denn es sind dort bei uns keine Schätze*). A mon avis, la locution אי שם exprime purement et simplement la négation d'existence, comme l'expression française « il y a, il n'y a pas ». Les termes אי et שם me paraissent inséparables ; pour affirmer l'existence, on dirait en phénicien כן שם, et je reconnais avec Munk cette forme dans le verset du Pœnulus : *Yssiddobrim chyfel* (au lieu de *thyfel*) *yth chil ys chon them* (pour *chem*) *liful*, qui est à transcrire יש שדברם כ פעל אית כל אש כן תם לפעל « dont on dit qu'il a fait tout ce qu'il y avait à faire », auquel répond la traduction latine : *eum fecisse aiunt sibi quod faciendum fuit;* תם est l'équivalent aramaïsé de שם [1]. Le passage entier doit donc se comprendre ainsi : «et qu'ils n'y cherchent pas de l'argent, car il n'y a pas d'argent.»

מְנָם, pluriel de מָנֶה «mine», indique l'idée d'argent en général (*Inscription de Carthage,* l. 8; comp. mon *Essai sur l'Inscript. de Marseille,* l. 15).

יִשָּׂא, de נשא «porter», a ici le sens énergique d'emporter, enlever, comme וְנָשָׂא אֶת־עֲפָרָם «il enleva leur poussière» (II Rois, XXIII, 4).

Lignes 5-6. Le verbe עמס est expliqué par Levy, d'accord avec Munk, par «charger», comme si le roi voulait défendre de mettre quelque chose sur lui. Il y a pourtant une notable nuance entre les interprétations de ces deux orientalistes. Munk pensait que le roi entendait défendre «de construire au-dessus de sa chambre sépulcrale une seconde chambre», tandis que, suivant Levy, il voulait «interdire de monter (*besteigen*) sur le cercueil». Cette divergence provient du désaccord qui existe entre eux par rapport à l'intelligence des mots עלת משכב שני. Munk, en lisant le premier terme עֲלִיָּה=עֲלַת «chambre», obtient le sens «et qu'on ne me charge pas dans cette couche d'une chambre d'une autre couche». Levy y voit, au contraire, le verbe עֲלַת «monter», et traduit par conséquent «et qu'on ne me charge pas dans cette couche en montant sur la couche de mon sommeil» (*und dass man mich nicht beladet indem man das Lager meines Schlummers besteiget*). Cependant, outre les difficultés que présentent les formes עלת pour לַעֲלֹת et שני pour שנתי, l'expression montrerait une prolixité peu en accord avec la concision du document, car une pareille défense aurait pu être exprimée simplement par ואל יעל על

[1] Un aramaïsme tout semblable se retrouve dans la forme néopunique אתר pour אשר stèle, monument. D'autres influences araméennes sur les populations libyo-phéniciennes de la Numidie ont été relevées dans mon Essai d'épigraphie libyque. (Voir *Journ. asiat.* février-mars 1874.)

משכבי ou par une locution semblable. L'explication de Munk devient aussi impossible par cette considération que l'expression במשכב ז serait tout à fait superflue; on ne comprend pas non plus comment la nouvelle construction pèsera plus sur lui ou sur son cercueil que l'ancienne. Tous ces inconvénients disparaissent quand on prend le verbe עמס עֲלֵת pour le correspondant exact de l'hébreu עמס על «transporter une chose sur une autre»; עֲלֵת est la préposition על, augmentée du pluriel féminin qui se trouve en face de la forme secondaire et poétique עֲלֵי, comme le phénicien פְּנֹת (*Inscript. de Marseille*, l. 13) à l'égard de l'hébreu פְּנֵי, qui affecte le pluriel masculin. Notre phrase se lira donc ainsi וְאַל יַעְמְסֻנִּ בְּמִשְׁכָּב זֻ עֲלֵת מִשְׁכָּב שֵׁנִי «et qu'ils ne me transportent pas avec cette couche sur une autre couche», sans doute dans le but de mettre un autre sarcophage à la place du premier. L'adjectif שני «second» signifie également «autre» (Ecclés. IV, 10).

אֲדָמִם «hommes», pluriel inusité en hébreu; il revient dans l'*Inscription de Marseille*, ligne 16.

יְדַבְּרֻנְךָ «te parleront, t'ordonneront de faire», exactement comme יְשַׁבְּחוּנְךָ «te loueront» (Psaumes, LXIII, 4). En phénicien comme en hébreu, la troisième personne du pluriel masculin prend quelquefois ־ֻן pour ־ֻ, ־ו; cette terminaison pleine est surtout usitée devant les suffixes personnels en phénicien. Comparez ויסגרנם (ligne 9).

אַל תִּשְׁמַע בְּרִנָּם «n'écoute pas leur ordre»; c'est le sens du verbe שמע ב; le substantif רֵן du radical רנן «vociférer» est synonyme de l'hébreu רִנָּה, qui signifie aussi «avis, ordre» (I Rois, XXII, 36); la différence du genre est peu importante; ainsi, par exemple, le mot hébreu עוֹר «peau» se dit en phénicien ערת, et, au contraire, צוּרָה «forme» se prononce en sabéen צור, et en hébreu même גֵּז et גִּזָּה, נֵץ et נִצָּה. M. Schlottmann lit בְּרֻנָּם (*höre nicht auf ihr Flüstern*), comme s'il y avait l'infinitif רֹן; mais, dans ce cas, il faudrait traduire, pour être exact, « n'écoute pas quand ils chuchotent ». Encore moins satisfaisante est la leçon de Levy, בַּדֵנֶם (non pas בַּדְנֹם) = בַּדֵּיהֶם « n'écoute pas leurs mensonges », car, comme les paroles mensongères ne pourraient être autre chose que la supposition de l'existence de trésors cachés dans le tombeau, cette phrase devait nécessairement se placer immédiatement après les mots כ אי שם בן מנם ; ici elle manque de toute liaison avec ce qui suit et avec ce qui précède.

Ligne 7. אש יפתח עלת משכב ז « ceux qui ouvriront la chambre de cette couche ». Je lis avec Munk עֲלָת = עֲלִיָּה « chambre » ; il m'est impossible d'adopter la traduction de M. Schlottmann, « celui qui ouvrira le couvercle de cette couche ». Un mot עלת pour « couvercle » a grandement besoin d'être justifié, d'autant plus que les mots exprimant cet objet dérivent ordinairement de l'idée de couvrir, ainsi מִכְסֶה de כסה, comparez « couvercle » (de couvrir) ; allemand *Deckel* (de *decken*) ; turc قپاق de قپامق, etc. D'ailleurs, l'expression « ouvrir le couvercle » est impossible aussi bien en hébreu qu'en français ; on n'ouvre pas le couvercle, on l'ôte ; par conséquent, c'est le verbe הֵסֵר qu'il faudrait à la place de פתח (Genèse, VIII, 13).

Ligne 8. אל יכן לם « qu'il ne soit à eux » כן (כון) représente le verbe *être* en phénicien comme en arabe et en éthiopien (comp. *Inscript. de Marseille,* l. 3, 10). לם = למו se rapporte aussi bien à un singulier qu'à un pluriel, conformément à l'usage de la langue hébraïque (Genèse, IX, 26).

משכב את רפאם « couche avec les Raphaïm ». Le mot רפאים désigne en hébreu « géants » et « morts », ce qui a trait à une notion mythologique que j'ai cherché à expliquer dans mon Commentaire rabbinique du livre d'Énoch. Il est intéressant de remarquer que les Raphaïm, qui sont mentionnés toujours avec mépris dans la Bible, ont ici une acception respectueuse. La particule את s'écrit sans yod, parce qu'elle représente la préposition *avec* et non pas l'indice de l'accusatif (voy. ligne 4).

Ligne 9. תַּחְתֵּנֶם pour l'hébreu תַּחְתֵּיהֶם, qui se contracte en תַּחְתָּם ; la préposition תחת affecte régulièrement les affixes du pluriel; ainsi, au lieu de תַּחְתִּי, תַּחְתְּךָ, תַּחְתּוֹ, etc., on dit : תַּחְתַּי (תַּחְתֵּנִי), תַּחְתֶּיךָ, תַּחְתָּיו, etc.

וְיַסְגִרֻנֶם répond à l'hébreu וְיַסְגִּירוּם contracté de וְיַסְגִּירוּהֶם. Ce verbe régit en phénicien deux régimes directs, dont le premier consiste dans le mot אתם et le second est représenté par מֶלֶךְ אַדִּר « roi fort ». La répétition du suffixe נם- devant אתם est un pléonasme très-usité en hébreu, par exemple : וַתִּרְאֵהוּ אֶת־הַיֶּלֶד (Exode, II, 6). Cette construction si régulière a causé beaucoup d'embarras aux exégètes. M. Levy prend sans aucune nécessité le verbe ויסגְרנם avec le sens de l'araméen שגר « envoyer » : « et les dieux saints leur enverront un roi puissant » (*und die heiligen Götter werden ihnen senden einen mächtigen König*). M. Schlottmann lit : ו' ה' ה' אֶת מִמְלֶךְ אַדִּר « les dieux saints le livreront avec le majestueux royaume, etc. » (*und es geben ihn Preis die heiligen Götter sammt dem herrlichen Königthum,* etc.). Mais, outre que la forme ממלך est inusitée, on est étonné de voir supprimer le régime du verbe הסגיר, car il n'est pas dit à qui ils le livreront. Le passage du Deutéronome, XXXII, 30, ne peut pas servir d'exemple en faveur de l'emploi absolu du verbe; car, dans ce morceau poétique, la mention des ennemis, אויב, צרינו, se trouve quelques versets plus haut; on a pu, par conséquent, supprimer le mot להם ou בידם après הִסְגִּירָם ainsi qu'après מְכָרָם, sans troubler la clarté du verset, tandis qu'ici le régime manquerait tout à fait. Que le verbe הסגיר se construise en phénicien avec le régime direct, et en hébreu avec le régime indirect, qui peut s'en étonner? La syntaxe arabe fournit bien des exemples de cette nature.

אלנם « dieux ». Ce mot se trouve dans le fragment du Pœnulus, accompagné de la forme féminine *alonim valonuth* = אלנם ואלנת « dieux et déesses » : ceci est la leçon ordinaire; mais le texte du palimpseste de Milan porte *alonim valoniuth*

= אלנם ואלנית, d'où il résulterait que le singulier se disait *aloni* אלני et *alonith -ath* אלנית. Le scholion de Sisenna, cité par Rufinus (*Gramm. latine,* édit. Putschius, p. 271), sur le passage du Pœnulus en question, dit : *Halonium Pœni dicunt deum, et producenda syllaba metri gratia exigit jambus.* Ici encore la forme punique n'est pas très-claire, à cause de l'incertitude où nous sommes si le yod de la pénultième appartient au terme phénicien ou à la terminaison latine. M. Levy a rapproché אלנם de l'expression hébraïque אֵלוֹנִים «espèces d'arbres très-hauts». Cela me paraît vraisemblable; il faut cependant remarquer que, dans la transcription latine, le *l* n'est pas redoublé; il se peut donc que la vraie ponctuation soit אֵלֹנִם, d'un singulier אֵלֹן. C'est l'avis de M. Schrœder (*Gramm. phén.* p. 301).

האלנם הקדשם «les dieux saints»; la sainteté est l'horreur des mauvaises actions et la tendance à punir le pécheur d'après la plus stricte justice, comme אֱלֹהִים קְדֹשִׁים (Josué, XXIV, 19).

אש משל בנם, en hébreu (בָּם) אֲשֶׁר יִמְשֹׁל בָּהֶם «qui les tyrannisera». Le participe מֹשֵׁל se substitue à l'imparfait ימשל. Dans בנם pour בהם, le נ est enclitique.

Ligne 10. לקצתנם «de façon à les exterminer»; en hébreu לְקַצּוֹתָם pour לְקַצּוֹתֵהֶם, par analogie avec מִזְבְּחוֹתֵיהֶם (מִזְבְּחוֹתָם), אֲבוֹתֵיהֶם (אֲבוֹתָם); le suffixe -נם n'empêche pas de faire suivre la particule אית, indice de l'accusatif, à l'exemple de יסגרנם-אתם de la ligne précédente; il n'y a donc aucune nécessité de traduire avec M. Levy «et leur (aux Sidoniens) extermine la race royale» (*und ihnen das königliche Geschlecht ausrotten wird*); -נם est simplement un pléonasme.

אם אדם הא ne doit pas être séparé de ce qui précède, ni être traduit ainsi : «si c'est un homme, c'est-à-dire un bourgeois, qui commet la profanation» (Levy). Mais אדם הא, ainsi que ממלכת, qui précède, forme le complément direct du verbe לקצתנם. Le mot אם signifie «ou» et se place devant le second terme; cela est attesté par de nombreux exemples dans l'*Ins-*

cription de Marseille et dans notre texte même. הא n'est pas ici le pronom personnel «il, lui», mais il a le sens du démonstratif «celui-là». En hébreu on répéterait le démonstratif après chaque substantif הממלכה ההיא או האדם ההוא; en phénicien il suffit de le mettre une seule fois, soit après le dernier substantif comme dans notre exemple, soit après le premier substantif comme dans les lignes 11 et 22; l'emploi de l'article est, comme on le sait, très-restreint en phénicien.

Ligne 11. J'hésite à suivre MM. Levy et Schlottman en ce qu'ils commencent avec אם אדם מהמת une nouvelle phrase se rattachant à אל יכן; l'inconvénient de leur manière de voir est de défaire la période en petites propositions incohérentes; leur embarras provient de ce qu'ils ont pris אם dans le sens de «si», tandis qu'en vérité il représente la conjonctive «ou», comme partout dans notre texte (comp. *Inscript. de Marseille*, l. 3, 5, 7, etc.). אל יכן commence une proposition qui résume les malédictions lancées contre les profanateurs : c'est aussi l'avis de Munk, et j'adopte également son interprétation de זרע ממלכת הא, mots que M. Levy traduit par «la postérité de ce royaume» (*den Spross dieses Königreichs*), comme ayant trait au royaume même de Sidon. Le terme זרע se rapporte en même temps à אדם מהמת «la postérité de cette homme noble ou de cet homme du peuple»; cela est confirmé par la présence du suffixe pluriel dans וזרעם (ligne 22).

אָדָם מֵהַמַּת «homme du peuple, de la plèbe». Les Phéniciens se divisaient en patriciens ou nobles et en plébéiens; les plus connus de la première catégorie sont les Bélides de Tyr, qui avaient seuls accès au trône. Cette expression se trouve aussi dans l'*Inscription de Marseille*, l. 17. Le singulier מַת (forme זַן) s'est conservé en langue gueez avec la signification de «mari», ምት pl. አምታት; en hébreu, c'est le pluriel מְתִים (forme זְנִים) qui est usité; le singulier se trouve seulement dans quelques noms propres מְתוּשֶׁלַח, מְתוּשָׁאֵל. La racine de ce mot paraît être מתח (מתו), d'où dérive aussi l'araméen מָתָא « village »; en tout cas, on ne saurait admettre, avec Levy, un radical חמת, comme correspondant à l'hébreu et chaldéen אָמָּה et à l'arabe أُمَّة. Encore moins vraisemblable est la leçon מְהֻמַּת adoptée par M. Schlottmann, qui obtient un sens bien extraordinaire : « si cet homme (le profanateur) est tué, alors qu'il n'ait ni racine en bas, ni fruit en haut, ni représentant en vie sous le soleil » (*wenn dieser Mensch getödtet ist, so sei ihm nicht Wurzel unten und Frucht oben, und kein Abbild im Leben unter der Sonne*). Le démonstratif *dieser,* pour lequel le texte phénicien n'a pas de correspondant dans cet endroit, traduit visiblement le terme הא que M. Schlottmann a inséré par mégarde après אדם dans sa transcription hébraïque; en outre, on peut se demander pourquoi la malédiction atteindrait plutôt le profanateur tué que celui qui jouit de la vie.

אל יכן לם « qu'ils n'aient pas »; אל s'emploie en phénicien dans le précatif, tandis que איבל est usité dans l'infinitif (*Inscript. de Marseille,* l. 15 et 21); l'emploi de la négative לא n'a pas été constaté dans les textes phéniciens; peut-être estelle aussi inconnue en phénicien qu'en éthiopien, et probablement aussi en sabéen.

שרש למט ופר למעל « racine en bas et fruit en haut », comme Isaïe, xxxvii, 31, et Amos, ii, 9. Il est douteux si les mots מט et מעל se prononçaient à la manière hébraïque מַטָּה et מַעְלָה ou sans voyelle finale מַט et מַעַל; le dernier mot se trouve aussi en hébreu sous cette forme, surtout dans la poésie, ce qui milite en faveur de son antiquité.

ותאר בחים « ni figure parmi les vivants ». M. Levy a ici trèsconvenablement rapproché la locution talmudique אדם של צורה « homme de figure = respectable »[1].

תחת שמש « sous le soleil », c'est-à-dire dans le monde.

[1] Comparez aussi l'expression לא תֹאַר parallèle à לא מראה (Isaïe, liii, 2).

D'ordinaire l'idée du monde est rendue en hébreu par תחת השמים «sous les cieux» (Deutéronome, IX, 14; II, 25); chez les Phéniciens, le ciel avait un dieu éponyme בעל שמם *Baalsamêm*, qui était à la tête de la légion divine, et l'on disait, pour exprimer le sens du monde, תחת פעם אדני בעל שמם «sous les pieds de monseigneur Baalsamêm» (*Première inscript. d'Oumm-el-ʿAwâmid*, l. 7). *Schemesch* était à la fois le nom du dieu du soleil et du soleil même, et la locution תחת שמש semble se rapporter aussi à la divinité et présenter quelque analogie avec la locution *sub Jove* des Latins. Il est remarquable que l'expression תחת השמש ne se trouve chez aucun des écrivains bibliques, excepté chez le sceptique Qohelet, où elle se répète plusieurs fois, comportant l'idée de fatalité, de sort immuable, idée qui a arraché à l'auteur l'exclamation empreinte d'ennui אין כל חדש תחת השמש «rien de nouveau sous le soleil!» (Eccl. I, 9).

כ אנך וגו' אנך. Conclusion de la défense. Le défunt, motivant son anathème, répète la formule de l'exorde qui signale sa mort prématurée, survenue au moment de sa plus haute puissance, sa vie pieuse et sa conviction d'avoir mérité l'immortalité. L'indication du motif est introduite par la particule כ = כִּי ; prendre כאנך dans le sens de «comme moi», sens auquel s'est arrêté M. Schlottmann, c'est créer une langue sémitique étrange, car, dans les idiomes sémitiques connus, la particule de comparaison כ, ainsi que ses sœurs ב"ל"ם, ne se joint jamais aux pronoms personnels isolés; dans notre cas il faudrait כָּמֹנִי.

נחן nifal du radical חנן «gracier, faire grâce»; il est à ponctuer נָחַן ou נִחַן, et désigne le roi comme ayant trouvé grâce devant les dieux. Comparez la locution וְחַנֹּתִי אֶת אֲשֶׁר אָחֹן «je prendrai en grâce celui qui méritera que je le prenne en grâce» (Exode, XXXIII, 19). Les autres interprètes traduisent נחן par «digne de pitié», en rappelant Jérémie, XXII, 23. Cependant l'appel à la pitié du public aurait eu sa place convenable au début du discours, tandis qu'après les terribles malédictions prononcées avec une telle force, cet appel serait une faiblesse et une marque de défiance dans l'efficacité de ses menaces. La chose est différente quand on considère cette expression comme l'annonce de la faveur que le roi est convaincu de posséder aux yeux des dieux. Cette circonstance ajoute un grand poids à ces menaces; elle est de nature à effrayer les coupables. Du reste, le passage de Jérémie n'est pas tout à fait sûr, le ketib porte נחנתי avec yod; cela suggère l'idée que la vraie leçon est peut-être מַה־נִּחַמְתִּי «combien je serai consolé, content!» (comp. II Sam. XIII, 39).

Le reste de la phrase a été expliqué plus haut. Remarquons toutefois que le pronom personnel אנך, qui la termine, démontre d'une manière évidente que les mots תם בן־אלמת forment une proposition séparée : «je suis pieux, fils d'immortalité», et ne dépend pas du verbe נגזלת comme mes devanciers l'ont pensé d'un commun accord, à l'exception de M. Levy, qui réunit מת אנך ensemble et traduit «je suis mort!» (*ein Todter bin ich!*), tandis que les mots précédents seraient mis à la troisième personne (*dann hörte auf der Göttersohn*). La traduction de M. Schlottmann «*gleich wie ich Erbarmungswürdiger beraubt ward der Frucht meiner Lebenszeit, verständiger kampfgerüsteter Söhne, verwaiset, ein Sohn der Verlassenheit ich*» cloche encore plus sensiblement dans cet endroit que dans la ligne 2; on saurait à peine la rendre mot à mot en français.

B. — Deuxième division du discours.

Énumération de diverses fondations pieuses exécutées, de son vivant, par le roi avec le concours de sa mère, œuvres pour lesquelles il croit s'être assuré la faveur des dieux pour lui et pour sa patrie.

La division précédente se termine en insistant sur la piété du roi, dans le but de donner l'autorité nécessaire aux paroles menaçantes qu'il a lancées contre les profanateurs de son tombeau; il est maintenant indispensable que sa prétention de piété soit prouvée par des faits indéniables et connus du public. C'est justement l'énumération des œuvres de ce genre qui occupe cette partie du discours. Elles consistent dans de nombreuses constructions élevées dans différents quartiers de Sidon aux principales divinités nationales et locales, œuvres qui lui donnent droit à une éclatante récompense de la part des dieux. Cette récompense sera pour lui la résidence dans le ciel en présence des dieux, et pour son peuple le recouvrement d'une province perdue. Dans l'exécution de ces travaux, il signale avoir été toujours aidé par sa mère, la pieuse prêtresse d'Astarté; cette circonstance indique peut-être que, après le décès d'Eschmounazar, sa mère Émastarté (car c'est bien elle qui a fait faire l'inscription) espérait prendre les rênes du gouvernement sidonien pendant la minorité du prince héritier, car rien ne fait supposer que le roi fût mort sans postérité.

כ אנך « car moi »; כ = כי, particule motivante, comme l. 12. M. Schlottmann prend encore ici כ אנך dans le sens de « comme moi » (*so wie ich*), et arrive à former de toute cette division la moitié d'une période, dont l'autre moitié est à son tour formée par toute la division suivante; une pareille construction est assurément de celles qui répugnent le plus aux langues sémitiques.

La généalogie du roi est ici plus complète qu'aux lignes 1-2; elle paraît être mentionnée avec l'intention de démontrer l'antiquité de la famille royale, afin de faire valoir le droit qu'ont ses descendants, ainsi que sa mère, au trône de Sidon. Il se peut aussi que le père et le grand-père de notre roi fussent connus par leur piété, ce qui expliquerait son insistance à se qualifier de petit-fils בן בן d'Eschmounazar Ier. On est tenté, de prime abord, de rapporter cette qualification à Tabnit, père de notre roi, de sorte qu'Eschmounazar II aurait été l'arrière-petit-fils d'Eschmounazar Ier, dont le fils n'aurait pas régné, du moins d'une façon brillante; mais cette supposition rencontre un obstacle dans ce fait, qu'Émastarté était la fille d'Eschmounazar Ier; elle devait, par conséquent, être trop âgée pendant le règne d'Eschmounazar II pour qu'elle lui fût d'un notable secours dans la construction des édifices religieux; encore moins aurait-elle été capable de prendre en ses mains la gestion du royaume après la mort de son fils. Pour aplanir cette difficulté, les interprètes de ce texte ont imaginé la généalogie suivante : « Eschmounazar Ier avait un fils qui n'est pas nommé et une fille appelée Émaschtoret; le fils mort, probablement du vivant de son père, sans avoir régné, laissa un fils nommé Tabnit, qui épousa sa tante Émaschtoret, et de cette union naquit Eschmounazar II »; ainsi :

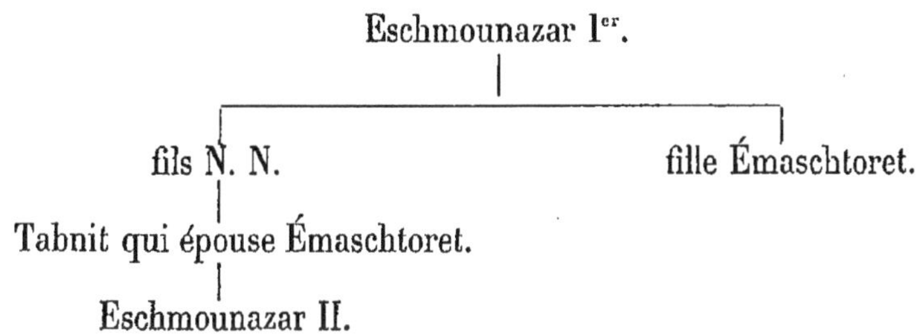

Mais cette supposition ne devient vraisemblable qu'à la condition d'en admettre une autre : il faudrait supposer qu'Émaschtoret était d'une vingtaine d'années au moins plus jeune que son frère anonyme; car autrement elle aurait été d'autant d'années plus âgée que son époux. Si, au contraire, on rapporte בן בן à Eschmounazar II, celui-ci serait seulement le petit-fils d'Eschmounazar Ier, et il en résulterait que Tabnit a épousé sa sœur; des mariages pareils, qu'on trouve aussi chez les Macédoniens et en Adiabène, ont été de tout temps dans les habitudes des Égyptiens et des Phéniciens (Lévit. XVIII, 3, 24-30). L'épithète המלכת « la reine » fait voir qu'Émaschtoret partageait le gouvernement de Sidon avec son fils : il était donc tout naturel qu'elle prît les rênes du gouvernement après la mort de celui-ci, et c'est justement la raison pourquoi son concours dans toutes les fondations pieuses est expressément signalé.

אם בנן. Il est à peine besoin de faire remarquer que cet אם ne peut pas être la particule אִם «si», comme le pense M. Schlottmann; j'ai tout d'abord pensé à lire מֶלֶךְ צִדֹנִם אֵם «roi de Sidon la métropole», en rappelant les légendes connues לצר אם כמב «à Tyr, la métropole de Camb (Carthage)»; ללאדך אם בכנען «à Laodicée, métropole de la Phénicie»; לצדנם אם צר «à Sidon, la métropole de Tyr»; de même עיר ואם בישראל (II Samuel, xx, 19); cependant M. J. Derenbourg, à qui j'ai soumis cette comparaison, fait observer justement que, dans tous ces exemples, le mot אם est suivi d'une expression déterminative, tandis que dans notre texte il est isolé. Je crois donc que, jusqu'à nouvelle preuve, il faut considérer אם comme une faute du lapicide, au lieu de אש, conformément à la locution ואנחן אש qui revient plus bas.

אִית בָּתֵּ אֱלֹנִם «les maisons des dieux = les temples»; c'est l'énonciation générale; les détails suivent immédiatement et font voir que les dieux honorés par Eschmounazar étaient aussi bien les divinités adorées dans d'autres localités de la Phénicie que les divinités dont le culte avait son principal siége à Sidon même. Les divinités de la première catégorie sont appelées אלנם en général, tandis que celles de la deuxième catégorie sont distinguées par l'épithète אֱלֹנֵ צִדֹנִם «dieux des Sidoniens». Il n'est pas sans intérêt de voir que la déesse Astarté est désignée ici comme une divinité purement sidonienne; cela fournit une précieuse confirmation de la donnée biblique qui applique à עַשְׁתֹּרֶת le titre אֱלֹהֵי צִדֹנִים «divinité des Sidoniens» (I Rois, xi, 5). Remarquons encore que l'énumération donne deux divinités pour chacune de ces catégories, probablement les dieux suprêmes du panthéon phénicien.

Le nom du dieu mentionné le premier est effacé, il n'en reste que la lettre finale ת. Presque tous les exégètes ont pensé qu'il s'agissait ici d'Astarté עשתרת; mais la phrase incidente וישרן אית עשתרת s'oppose formellement à cette conjecture, puisque la déesse Astarté y est distinguée du dieu mâle auquel se rapporte nécessairement le préfixe yod du verbe ישרן. On peut avec une grande vraisemblance y voir le dieu Melqart מלקרת, l'Hercule phénicien, le protecteur spécial de la ville de Tyr, qui avait de nombreux temples dans tous les pays colonisés par les Phéniciens; il est presque impossible de supposer qu'un dieu si généralement reconnu en Phénicie eût échappé à la piété d'Eschmounazar.

Nous arrivons maintenant à un groupe fort controversé et qui a son parallèle à la ligne suivante.

וישרן אית עשתרת שמם אדרם
וישבני שמם אדרם

Si Munk avait pu examiner de *vue* ce parallèle, il ne serait certainement pas arrivé à trouver ici la mention d'Israélites et de Sémites idolâtres. Il est seulement regrettable que l'erreur de l'éminent orientaliste, que sa cécité rend très-excusable, ait trouvé son chemin dans des ouvrages historiques sérieux et d'une valeur incontestable. M. Levy a le premier bien séparé le dernier groupe en שמם אדרם = שָׁמַיִם אַדִּירִים. Quant au sens général de la phrase, j'hésite pourtant à le suivre : une leçon telle que וְיִשַּׁדְנ=ויסדנו, donnant la notion de « et nous y avons érigé l'Astarté des cieux puissants » (*und wir haben daselbst aufgerichtet die Astarte des mächtigen Himmels*), nous répugne, car elle méconnaît le parallélisme des deux phrases incidentes citées plus haut, et suppose au verbe יסד la signification de « ériger une statue », qu'il n'a dans aucune langue sémitique. En lisant avec M. Derenbourg וְיִשְׁרֵן א׳ ע׳ ש׳ א׳, toute difficulté disparaît, on traduit aussitôt : « Et (certes) il (le dieu Melqart, pour nous récompenser,) nous fera voir l'Astarté des cieux magnifiques». Astarté, la grande déesse nationale, avait inspiré aux Phéniciens une adoration tellement pleine de tendresse, qu'elle dégénérait souvent en explosions sensuelles. יָשֵׁר est le hifil de שור «regarder, contempler, voir». La vision de la divinité est la plus haute récompense réservée aux hommes vertueux, soit pendant leur vie, soit après leur mort.

ואנחן אש בנן, locution qui se rapproche beaucoup de la construction française «c'est nous qui avons bâti.» En hébreu, on dirait succinctement ואנחנו הבונים ou ואנחנו בנינו.

Ligne 17. L'autre dieu, auquel Eschmounazar et sa mère avaient construit un temple, est sans doute אשמן, éponyme du roi comme Aschtoret l'est de la reine mère. Il est vrai que la dernière lettre du nom divin, étant mutilée à la partie supérieure, ressemble quelque peu à un ב, et c'est ce qui a décidé M. Levy à lire אשם, qui rappellerait le dieu אשימא adoré à Samarie par les hommes de Hamath (II Rois, xvii, 30); cependant son argumentation est loin d'être concluante. On ne saurait non plus adopter les mots [בל ו]קדש, par lesquels ce savant complète le passage effacé sur la pierre; l'orthographe בל, pour בעל, n'a pas sa place dans un document relativement ancien et si soigné; d'ailleurs, l'expression בעל, comme épithète, doit être accompagnée d'un autre mot ou de suffixes possessifs. J'incline à lire לאשמ[ן שַׂר] קֹדֶשׁ «pour Eschmoun prince de sainteté» (comp. Isaïe, xliii, 28), ce qui s'accorde très-bien avec la qualification de אלנם קדשם, à la ligne 22, qui se rapporte indubitablement à tous les dieux spécialisés ici. On pourrait aussi lire עִר קָדֹשׁ «gardien saint», en rappelant les עִירִין קַדִּישִׁין des Juifs modernes; cependant l'ancien langage disait עִיר וְקַדִּישׁ (Dan. iv, 10) et non עִיר קַדִּישׁ; je crois donc la leçon שַׂר קֹדֶשׁ seule admissible, car la dernière lettre, à en juger d'après l'inclinaison de la haste restante, ne peut être qu'un ר; la lettre précédente doit être, au contraire, un caractère privé de haste; par conséquent, le mot bilitère qui se trouvait dans la lacune permet le choix entre זר, יר, ער, שר, dont la dernière forme est la plus convenable.

Parmi la multitude effrayante d'opinions qui se sont produites sur l'interprétation du groupe ענידלל, l'explication de M. Levy me paraît s'approcher le plus de la vérité. L'épigraphiste expérimenté a entrevu la seule solution possible sans pourtant l'atteindre. Que ces mots se rapportent au dieu auquel le temple était dédié, c'est ce dont on peut à peine douter; mais la traduction «celui qui m'exauce bénignement» (*der mich gütig erhört*) ne saurait être définitive; l'emploi d'un mot syriaque dans un sens adverbial est intolérable au milieu d'un texte rédigé dans l'hébreu le plus pur. Outre cette difficulté matérielle, une expression telle que «le dieu qui m'a exaucé bénignement» ne serait-elle pas mieux placée dans la bouche d'un homme qui se relève de sa maladie que dans celle d'un homme mort avant le temps? Pour faire disparaître ces inconvénients, on n'a qu'à ponctuer עֹנֵי דָלֵל = עֹנֶה דַל «celui qui exauce le souffrant». Dans le ענִי, le ה de l'orthographe hébraïque est représenté en phénicien par le yod radical : ceci est la règle générale constatée par des exemples certains; nous les fournirons plus loin. דָלֵל est la forme non contractée de דַל, dont le nom propre דְלִילָה offre le féminin; comparez תַם et תְמִים. Le verbe דלל comprend la notion d'appauvrissement de décroissance corporelle et spirituelle; en un mot, un état anomal qui fait souffrir.

La phrase incidente וישבני שמם אדרם est claire : «et (certes) il (Eschmoun) me fera habiter les cieux magnifiques».

יַשְׁבֵנִי est le hifil de ישב «demeurer, habiter». Ce verbe se construit avec l'accusatif, et l'endroit habité peut se subordonner directement sans préposition intermédiaire. On trouve ainsi אלהים משיב יחידים ביתה «Dieu fait habiter ses élus dans des maisons» (Psaumes, LXVIII, 7). Le י final de וישבני en distingue le noun de celui qui clôt le mot וישרן et qui désigne la première personne du pluriel; nouvel exemple d'une orthographe réfléchie.

Ligne 18. Suit l'énumération des temples construits en l'honneur des principales divinités des Sidoniens. La première divinité est un dieu mâle nommé Ba'al-Sidon, dieu tutélaire de la ville de Sidon, comme Melqart était le patron de la ville de Tyr. L'autre divinité, appartenant au sexe féminin, est la fameuse Astarté; elle porte le titre remarquable de עשתרת שמ־בעל, dont la signification ressort clairement quand on le rapproche de l'expression עשתרת שמם אדרם (ligne 16). L'Astarté des cieux de Ba'al ou l'Astarté des cieux magnifiques est sans aucun doute la Vénus Urania des auteurs classiques; la locution שמ־בעל « cieux de Ba'al », pour désigner la magnifique voûte étoilée, est identique à l'expression hébraïque שְׁמֵי יהוה « les cieux de Jéhova » (Lamentations, iii, 56). Cette interprétation rationnelle de שמ־בעל appartient, en principe, au savant professeur de Breslau; les autres exégètes, trop enclins aux notions mythologiques, ont cru y trouver la clef du polythéisme sémitique se dégageant d'un monothéisme primitif[1].

Les mots ועד יתן expriment le dernier souhait du défunt, qui termine cette partie du discours. La symétrie des phrases est parfaite : chaque énumération est accompagnée de la perspective d'obtenir une récompense proportionnelle.

אנך···ואמי···אש בנן···אית בת [מלקר]ת···וישרן אית עשתרת שמם אדרם

ואנחן אש בנן בת לאשמן···וישבני שמם אדרם

ואנחן אש בנן בתם לאלנ צדנם·····ועד יתנ לן אדנ מלכם אית דאר ויפי

Mais, cette fois, la récompense qu'il espère obtenir n'est plus

[1] Dans son explication de la longue période כאנך — שמ־בעל (*Notes épigraphiques*, *l. c.* p. 104), M. Derenbourg a déjà corrigé la plupart des erreurs des autres exégètes; il a aussi été le premier à reconnaître le vrai sens de l'expression וישרן. Sa version ne diffère de la mienne que dans quelques points d'un ordre secondaire.

pour lui-même, elle est entièrement en faveur de son peuple. Cette récompense consiste dans le recouvrement de deux villes maritimes, *Dor* et *Ioppé*, qui avaient été ravies aux Sidoniens quelque temps auparavant, et dont la perte remplissait de tristesse les patriotes. L'annonce de cette perspective a naturellement pour but de rendre la mémoire du roi plus chère, et par suite d'assurer l'inviolabilité de son tombeau. Quant à la marche observée dans l'arrangement de ces espérances, un coup d'œil attentif ne tarde pas à y remarquer un ordre très-rationnel : pour être récompensé en personne, il lui suffit d'avoir la faveur de qui que ce soit parmi les dieux phéniciens, mais la prospérité des Sidoniens comme peuple ne peut provenir que des dieux de Sidon, leurs protecteurs naturels.

Pour peu qu'on réfléchisse, on acquiert la conviction que la correspondance entre les œuvres et les récompenses forme le vrai lien qui unit les trois phrases principales composant cette partie du discours; on ne saurait en détacher la moindre parcelle sans troubler la marche régulière des idées. C'est pourquoi il y a lieu de trouver étrange l'unanimité avec laquelle des exégètes tels que MM. Levy et Schlottmann reconnaissent dans l'expression אדן מלכם une allusion au grand roi perse. D'après M. Levy, la phrase ועד יתן exprimerait l'assurance que le monarque perse, suzerain du roi défunt, fera aux Sidoniens le don des deux villes susindiquées pour récompenser les services que ce roi avait rendus à l'empire achéménide, et il trouve ici une précieuse indication pour établir la date de notre document, qui doit être, en tout cas, de l'époque perse.

Sans rien préjuger sur la question de date, laquelle, d'après nous, ne peut être décidée que par des arguments tirés du caractère paléographique et artistique du monument, nous n'hésitons pas à repousser de toutes nos forces la thèse principale de ces exégètes, savoir que l'expression אדן מלכם désigne un potentat humain; le contexte ne permet pas d'y voir un souverain mortel, mais nécessairement les dieux Ba'al et Astarté, précédemment mentionnés. A cette nécessité qui ressort de l'ensemble du texte, on peut alléguer toute une série d'arguments, dont voici les principaux :

1° Le titre de « seigneur des rois » que l'on prétend appliquer à un souverain n'a pas d'analogue dans toute l'antiquité. Le titre des souverains assyriens est « Roi des rois » (*sar sari*); les monarques perses portent le titre de *Khsâyathiya khsayathiyânâm*, qui a la même signification. Les Phéniciens auraient certainement rendu le titre dont il s'agit par מלך מְלָכִם, expression employée d'ailleurs dans la langue hébraïque (Ézéchiel, XXVI, 7), et dont l'analogue se trouve dans les médailles sassanides sous la forme sémitico-aryenne מלכאן מלכא.

2° L'épithète אדן מלכם ne saurait s'appliquer à une personne mortelle; car, en hébreu, le terme אדן a primitivement le sens de maître absolu. Il est vrai que l'usage a beaucoup modifié le sens originel, au point d'en faire une expression honorifique désignant un supérieur; mais une pareille formule de politesse serait ici mal à propos : « les maîtres des rois, » dont il est question dans notre passage, ne sauraient faire allusion à un souverain humain.

3° Eschmounazar réclame la possession du territoire de Scharon en récompense de ses œuvres. Quelles sont donc ces actions accomplies dans l'intérêt des suzerains perses, et pourquoi ne les a-t-il pas énumérées? Nous voyons, au contraire, qu'il énumère en détail ses fondations pieuses en l'honneur de quatre divinités différentes. C'est donc ces divinités qu'il qualifie de « seigneurs des rois », et desquelles il attend le recouvrement des provinces perdues.

4° Comment imaginer que la réclamation d'une riche province adressée au suzerain perse soit mise dans une épitaphe phénicienne cachée dans une chambre mortuaire, dont l'accès est défendu aux étrangers sous les plus terribles malédictions et avec menaces d'extermination? Comment le souverain perse parviendrait-il à connaître le vœu posthume de son vassal exprimé dans un document qu'il ne pourra jamais avoir sous les yeux?

Qu'on renonce donc définitivement à l'hypothèse, plus que hasardée, qui consiste à chercher dans l'épithète אדן מלכם une allusion aux rois perses; ce titre ne peut s'appliquer, dans notre document, qu'aux grands dieux de Phénicie et de Sidon; c'est d'eux seuls que le pieux Eschmounazar espère la réacquisition des villes maritimes dont la perte était si regrettée par ses compatriotes.

Les considérations qui précèdent ne permettent plus de douter, je l'espère, que notre passage ne contienne aucune allusion à un souverain mortel. Il faut maintenant écarter la dernière ombre de preuve qu'on pourrait avancer en faveur de l'interprétation donnée par les exégètes précités à l'épithète אדן מלכם. Cette épithète se retrouve encore dans deux autres inscriptions, comme titre des successeurs d'Alexandre le Grand, et l'on peut être tenté de supposer que ce titre pouvait aussi s'appliquer à la dynastie perse. Ce serait cependant une grande erreur; car, si les Phéniciens donnaient aux rois macédoniens le titre purement divin de אדן מלכם, c'est justement parce que la divinisation des rois était devenue un usage universel dans cette dynastie, à commencer par son fondateur Alexandre le Grand, que les prêtres égyptiens avaient proclamé fils de Jupiter. Cet usage honteux, primitivement confiné en Égypte, entra plus tard dans les habitudes des empereurs romains héritiers des Grecs; c'est sous l'empire de cet usage que la qualification encore plus directe de dieu אלהא = Θεός est donnée, dans les inscriptions de Palmyre (15, 16), aux césars Hadrien et Alexandre Sévère. L'expression אדן מלכם ne peut donc pas se rapporter aux souverains perses, qui se donnaient eux-mêmes le titre purement humain de « Roi des rois », mais tout au plus aux Séleucides ou aux empereurs romains; or, comme, d'un côté, il est impossible de reléguer Eschmounazar à l'époque grecque ou romaine, et que, d'un autre côté, les arguments que nous avons exposés plus haut démontrent suffisamment que toute allusion au monarque suzerain est déplacée dans une inscription qui doit rester toujours invisible, on est donc forcément amené à appliquer l'épithète אדן מלכם aux dieux mentionnés un peu plus haut, explication fortement recommandée par l'ensemble du passage.

דאר ויפי «Dor», petite ville maritime, patrie de la pourpre, aujourd'hui «Tandour», et la ville beaucoup plus importante de «Ioppé», aujourd'hui «Jaffa,» en hébreu יָפוֹ.

ארצת דגן האדרת «les magnifiques pays de blé» (Levy, Munk). La fertilité de la grande plaine s'étendant depuis la ville d'Akko (Saint-Jean-d'Acre) jusqu'au sud de Jaffa était proverbiale, et les Phéniciens en ont de tout temps retiré leurs provisions de blé; la possession de cette plaine avait donc la plus haute importance pour eux. Une mention du dieu philistin Dagon, que M. Schlottmann croit trouver ici, n'a aucune raison d'être.

אש בשדה שרן «qui sont situés dans la plaine de Scharon»; le mot שָׂדֶה «champ» indique un terrain uni et cultivé; il est le synonyme de פרן «terrain labouré».

למדת עצמת אש פעלת «en récompense des grandes choses que j'ai faites». מִדָּה «mesure» signifie par extension la chose qu'on rend, d'après la mesure du mérite, «récompense». En hébreu, on rencontre la locution וּמַדּוֹתִי פְּעֻלָּתָם אֶל חֵיקָם (Isaïe, LXV, 7) «je mesurerai leur œuvre dans leur sein», c'est-à-dire «je les rétribuerai justement d'après leurs œuvres». Le terme עֲצֻמֹת «les choses fortes» a ici une acception morale indiquant les actions méritoires. Un sens analogue se trouve aussi en hébreu : הַגִּישׁוּ עֲצֻמוֹתֵיכֶם «avancez vos forts arguments» (Isaïe, XLI, 22).

ויספננם עלת גבל ארץ «et ils (les dieux) les (les pays) ajouteront aux termes du pays». ויספננם correspond à la forme hébraïque וְיוֹסִיפוּם, contracté de וְיוֹסִיפוּהֶם. Nous avons vu, par plusieurs exemples, que le suffixe hébreu הם est régulièrement représenté en phénicien par נם; le נ de ויספן est propre à l'imparfait, et il s'est conservé en phénicien surtout devant les suffixes régimes; en hébreu, cette terminaison est encore souvent usitée à l'état absolu, comme ידעון, תאבדון, etc., mais très-rarement devant les suffixes, comme יִקְרָאוּנְנִי, יְשַׁבְּחוּנְךָ. Le mot עלת est ici = עַל, comme à la ligne 6. En hébreu, le verbe יסף régit aussi la préposition על. Comparez encore la locution (*Inscript. de Mêscha*ʿ, l. 21) בקרן אשר יספת על הארץ «dans les villes que j'ai ajoutées au pays». La traduction de M. Levy ne peut pas se défendre : «et qu'il (le suzerain perse) les protége (וְיִסְפְּנֵן de ספן = צפן), pour qu'on ne passe pas (מֵעֲלֹת) le territoire du pays» (*und er möge sie schützen, dass man nicht das Gebiet des Landes überschreite*). La ponctuation וְיִסְפְּנֻנֵם proposée par MM. Schlottmann et Schrœder, ainsi que celle וַנְּסַפְּנֵם «et nous les ajoutions», admise par M. Blau, est dénuée de tout fondement.

לכננם ne signifie pas «pour les fortifier» (Munk, Levy), d'après la forme hébraïque לְכוֹנְנָם, mais «pour qu'elles soient, restent» = לִהְיוֹתָם (Derenbourg, Schlottmann).

C. — Troisième division du discours, conclusion.

Le roi termine son discours par une répétition de l'anathème contre les profanateurs de son tombeau. Le langage est ici plus concis que la première fois, et la vengeance des «dieux saints,» les mêmes qui ont été énumérés dans la division précédente, forme le pivot et la fin du discours.

*

Les verbes יפתח, יער, ישא sont au pluriel, comme le prouvent les verbes יסגרנם, ויקצן.

Ligne 21. אל יער «qu'ils ne fouillent pas», au propre : «qu'ils ne vident pas le contenu», comme וַיְעָרוּ אֶת־הָאָרוֹן (II Chr. xxiv, 11) «et ils vidèrent la caisse».

לם = לָמָה, au propre «pourquoi», sert de particule prohibitive «pour que ne» en remplaçant la particule hébraïque פֶּן; comparez למה תמות בלא עתך (Ecclés. VII, 17) «pour que tu ne meures pas avant ton temps».

אלנם הקדשם אל «ces dieux saints», savoir les quatre dieux auxquels Eschmounazar avait construit des temples. אל répond à אֵלֶּה, comme שד à שָׂדֶה.

ויקצן = וַיִּקְצֶן, imparfait prolongé; on pourrait aussi ponctuer וַיִּקְצֶנ֫ and appliquer le suffixe ״ (=héb. ־וֹ) au mot הממלכת qui vient après; cependant, vu le manque de la particule אית, l'existence du suffixe n'est pas probable.

והאדם; le ו équivaut ici à la conjonction אם = או ou (l. 11).

§ 2. — LA DEUXIÈME INSCRIPTION DE SIDON.

Le document le plus important après l'épitaphe d'Eschmounazar, découvert sur l'emplacement de l'antique ville de Sidon, est sans contredit l'inscription de Bodaschtoret, connue sous le nom de *deuxième inscription de Sidon*. Elle se compose de cinq lignes, dont la dernière est très-endommagée au commencement; la lettre finale de la quatrième ligne a perdu un trait; mais elle se fait pourtant reconnaître pour un ץ. La restitution du nom du mois est plus difficile; par contre, nous espérons réussir à restituer la dernière ligne avec une grande vraisemblance, et obtenir ainsi quelques données très-utiles à l'intelligence du passage relatif à la possession de la plaine de Scharon dans l'inscription d'Eschmounazar, où nous nous sommes éloigné de l'interprétation de nos devanciers.

Ce texte a été étudié par un grand nombre d'exégètes, et, en dernier lieu, par M. Schlottmann, qui, à peu de modifications près, s'est arrêté à l'opinion de Levy. Aucun des interprètes n'a remarqué la stricte connexion qu'il y a entre les deux inscriptions de Sidon par rapport à la mention de la province palestinienne, et quelle lumière elle jette sur la question de date de ces deux monuments.

Nous présentons tout d'abord le texte avec les restitutions que nous proposons, et que nous tâcherons de légitimer par une exposition détaillée :

בירח מפ[ע?] בשת || למלכ
י מלך בדעשתרת מלך
צדנם כבן בדעשתרת
מלך צדנם אית שרן אר[ץ]
[דגן] בתאלי לעשתרת

Dans le nom du mois, la lettre finale manque; cette lettre, vu la nature de la lacune, ne peut être qu'une lettre dépourvue de manche; j'incline à supposer *Mofia,* מֹפֶּע « le brillant », qui répondrait au *Ziw* זיו des Hébreux, qui signifie « clarté » et est l'équivalent du nom postbiblique *Jyar* אִיָּר (Mai-Juin). Dans למלכי, le yod indique la troisième personne, en accord avec l'opinion de M. Schlottmann. בדעשתרת est pour עבדעשתרת « serviteur d'Astarté ». Le terme כבן est sûrement un verbe transitif; son régime direct, indiqué par la particule אית, est le substantif שרן, suivi de l'expression explicative אר[ץ], dont le mot annexé est effacé au commencement de la cinquième ligne. MM. Levy et Schlottmann ont complété d'un commun accord ים, en rappelant l'expression ארץ ים « pays maritime », dans l'inscription d'Eschmounazar; ils diffèrent cependant dans l'explication du mot précédent. M. Levy lit שָׂדֵנ « notre champ », et croit qu'il s'agit ici de la consécration d'un terrain situé sur la côte pour l'élévation d'un temple; le terrain consacré serait le τέμενος ou le bétyle d'Astarté, ce qu'il trouve dans le mot à demi effacé בתאלי; ce sens est aussi adopté par M. Schlottmann, seulement il traduit שרן par « plaine » (Ebene). Je regrette de révoquer en doute la base même de cette interprétation, tout en convenant avec M. Schlottmann de la nécessité de lire שרן. En effet, le mot *Scharon* שרן s'emploie en hébreu, comme nom propre de certains cantons, et non pas comme un appellatif; en hébreu, ce mot affecte toujours l'article et ne prend jamais le signe du pluriel. On peut donc présumer que, dans notre texte, aussi bien que dans celui d'Eschmounazar, שרן désigne la fameuse plaine palestinienne où étaient situées les villes de Dor et de Joppé. De cette explication, qui nous paraît légitime, il résulte que le mot effacé après ארץ doit être דגן; car la qualification de ארץ דגן «pays de blé» est effectivement donnée à la plaine de Scharon dans l'inscription d'Eschmounazar (ligne 18); le trait supérieur resté devant la lettre qui se reconnaît pour un ב appartient donc à un *noun,* et non pas à un *lamed,* et cette circonstance rend impossible d'attribuer au mot בתאלי le sens de «bétyle» ou *τέμενος,* ni au verbe כבן le sens de «consacrer». Ce verbe, qui ne se trouve en hébreu que dans des noms propres מכבני, מכבנא, doit, d'après le contexte, signifier «conquérir, s'emparer de, réduire». On peut rapprocher de ce verbe la racine arabe كَبَنَ, dont le sens principal paraît être «comprimer». L'hébreu כפן a un sens analogue; le substantif כפן «oppression, situation déprimée, misère», en dérive; la permutation entre ב et פ a été constatée plusieurs fois en phénicien.

Il reste à déterminer le sens du mot בתאלי. J'incline à y voir un infinitif hitpael du radical אלי = אָלָה «jurer, faire un vœu» (Juges, XVII, 2); בתאלי = בהתאלי (conf. تَأَلَّى, *juravit, jusjurandum dedit*); car la suppression du ה préformatif, déjà assez fréquente en hébreu, est d'autant plus facile en phénicien que cette gutturale a été souvent remplacée par י dans la voix hifil (יטנא, יקדש pour הטנא, הקדש). Une suppression identique se trouve aussi dans la forme כיתאנך pour כי התאנך (*Inscr. de Mêscha*ʿ, l. 3). Notre texte fournit ainsi la forme du התפעל que la grammaire devra dorénavant enregistrer dans les flexions du verbe phénicien.

Traduction.

(1) Au mois de Mofiʿa (?) de l'an II du (2) règne du roi Bodaschtoret, roi des (3) Sidoniens, a conquis Bodaschtoret, (4) roi des Sidoniens, la province de Scharon, pays de (5) blé, en faisant des vœux à ʿAschtoret.

§ 3. — בעל חמן ET תנת פנבעל.

Les centaines de tables votives retirées de l'emplacement de Carthage sont, en général, dédiées à deux divinités d'un sexe différent. Le dieu mâle s'appelle *Baʿal-Ḥammon* בעל חמן (variantes מן, בעל עמן), ou brièvement *Baʿal* בעל (Néop. 30, etc.); le dieu femelle est nommé *Tannat* תנת, et est presque toujours accompagné de l'expression *Penibaʿal* פנבעל. Sur la nature des déterminatifs חמן et פנבעל, il règne un parfait accord parmi les exégètes. On traduit généralement *Baʿal-Ḥammon* בעל חמן par le « Baʿal solaire » et *Tannat-Penibaʿal* תנת פנבעל par « Tanit face de Baʿal ». Cette interprétation a fourni matière à de savantes dissertations relatives au caractère primitif de la mythologie sémitique. Malheureusement, je suis loin de partager l'assurance de mes devanciers au sujet du caractère de ces déterminatifs; car, par suite d'un examen longuement réfléchi, j'ai acquis la conviction que l'opinion reçue a grandement besoin d'être modifiée au détriment des conclusions qu'on a cru pouvoir en tirer.

Nous soumettrons chacune de ces expressions à un examen purement philologique et objectif, sans nous laisser circonvenir par des considérations *a priori*. Dans les matières épigraphiques, la rigueur linguistique doit dominer en maîtresse absolue; les considérations philosophiques et dogmatiques doivent se taire tant que la philologie n'a pas écarté toute obscurité du texte; autrement, elles risquent de construire des systèmes de fantaisie qui retardent la marche de la science et rendent difficile l'intelligence des origines de la culture humaine.

Prenons tout d'abord l'expression בעל חמן. Le premier terme a ici nécessairement le sens de maître; la preuve en est le titre de *Adon* « seigneur » qui lui est donné; là-dessus, point de doute possible. Mais quel est le caractère grammatical du terme *Ḥammon* חמן? Faut-il y voir un substantif ou un adjectif? Dans la première alternative, ces deux termes seraient en connexion étroite, de sorte que le mot בעל se trouverait à l'état construit; dans la seconde alternative, il y aurait seulement une adjonction simple de substantif et d'adjectif; c'est à cette dernière possibilité que le choix des exégètes s'est arrêté en traduisant *Baʿal-Ḥammon* בעל חמן par « le Baʿal solaire ».

Cependant la justesse de cette explication peut être ébranlée par l'argument que voici :

Le terme חמן se rencontre en hébreu comme substantif; nous reviendrons tout à l'heure sur sa signification; dans tous les cas, il n'est nullement un dérivé de *ḥamma* חַמָּה « soleil »; car ce mot, quoique très-usité dans le langage postérieur, est primitivement une expression poétique et signifie proprement « chaleur », semblable au terme לְבָנָה « blancheur, pâleur », qui est devenu la désignation de la lune. Ceci provient de cette particularité des langues sémitiques qui consiste à exprimer les idées abstraites par les adjectifs féminins. חַמָּה est donc un adjectif, et c'est comme tel qu'il peut signifier « soleil »; un dérivatif de חַמָּה serait à coup sûr חַמָּתָן, à l'instar de פִּרְעָתָן, גִּבְּתֹן, צָרְתָן, קָרְתָן, etc., tandis que la forme חמן ne peut dériver que de l'adjectif masculin חַם, qui n'a jamais la signification de « soleil »; חמן ne peut donc aucunement signifier « solaire », même s'il était un adjectif, ce qui n'est pas le cas, d'après l'usage hébraïque que je viens de citer.

Une autre considération fortifie encore davantage le sentiment que le mot חמן est bien un substantif formant le second anneau d'un état construit. Les inscriptions sémitiques offrent beaucoup d'exemples où le mot בעל est lié avec un autre terme, comme בעל־צר, בעל־צדן, בעל־מעון, בעל־גד, בעל־אום, בעלת עַצָּרן, et, dans tous ces exemples, le déterminant est un nom de ville ou de contrée : «le maître de Tyr, de Sidon, de Mé'ôn, de Gâd, de Awâm, de Ghaḍrân»; il n'existe aucun exemple où le mot *Ba'al* soit suivi d'un adjectif. Ces analogies me paraissent décisives, et l'on doit convenir que le terme חמן est également un nom propre de lieu, et que le mot בעל se trouve avec lui en annexion d'état construit : «le Ba'al» ou «maître de Ḥammon.»

Touchant la forme grammaticale des mots *Tannat-Peniba'al* תנת פנבעל, il y a plus d'une objection à faire contre l'opinion courante, qui voit dans le dernier terme une apposition explicative. Je laisse de côté la singulière explication de «manifestation de Ba'al» dans le sens d'une reproduction, d'un dédoublement de la divinité suprême, explication que je me réserve de discuter ailleurs. Philologiquement, ces deux mots doivent être l'un et l'autre des substantifs en relation d'état construit; ceci est prouvé tout d'abord par l'analogie de בעל חמן, avec lequel ils forment un parallélisme parfait, puis par cette raison impérieuse que notre פנבעל, étant d'une formation identique au *Penuel* פנואל des Hébreux, doit, comme lui, représenter un nom de localité, et aucunement une conception philosophique; la liaison תנת פנבעל ressemble ainsi à l'expression עשתרת שמם אדרם de l'inscription d'Eschmounazar.

Les arguments qui précèdent me paraissent de nature à invalider l'interprétation usuelle des mots בעל חמן et תנת פנבעל, qui doivent se traduire par le «Ba'al de Ḥammon» et la «Tannat de Peniba'al».

Nous venons d'acquérir la certitude que les mots חמן et פנבעל sont des noms de lieux; il s'agit maintenant de déterminer, autant que possible, leur nature exacte. Pour la solution de cette question épineuse, nous avons heureusement un indice précieux que nous n'aurons garde de négliger. En parcourant les textes votifs extraits du sol africain, on observe ce fait curieux, que le déterminatif פנבעל figure en grande majorité sur les documents qui proviennent des environs de Carthage, et très-rarement dans les monuments des autres contrées de l'Afrique, tandis que חמן se trouve à la fois dans les tables de Carthage et dans celles du reste de l'Afrique. On peut en conclure que le nom חמן a une acception plus large que פנבעל, c'est-à-dire que le premier est le nom d'une contrée très-vaste, tandis que le second désigne une localité restreinte dans les environs de Carthage.

Cette réflexion nous conduit à rechercher si l'existence de ces deux localités peut être prouvée par le témoignage des anciens géographes, et nous sommes heureux d'annoncer que notre pressentiment ne nous a pas trompé. Deux passages d'Étienne de Byzance nous donnent le mot de l'énigme. En effet, la vraie nature de Ḥammon devient claire quand on lit les renseignements de cet auteur sous l'article Ἀμμωνία; transcrivons-le en entier : Ἀμμωνία, ἡ μεσόγειος Λιβύης. Καὶ αὐτὴ δὲ πᾶσα ἡ Λιβύη οὕτως ἐκαλεῖτο ἀπὸ Ἄμμωνος. Cet Ἄμμων est indubitablement le représentant exact de notre חמן, qui désignait chez les Phéniciens la Libye moyenne, le noyau primitif de leurs colonies, et, par extension, la Libye entière, et dont les Grecs ont fait Ἀμμωνία; notre בעל חמן est donc à traduire «le Baʿal, le dieu tutélaire de la Libye», et il entre ainsi dans la catégorie des divinités régionales dont nous venons de citer plusieurs exemples.

Il nous reste encore à retrouver les traces de פנבעל, qui, à l'exemple du פנואל hébreu, doit être le nom d'une localité restreinte. Faisons tout d'abord remarquer que, sous la forme phénicienne, on chercherait vainement une localité de ce nom chez les auteurs classiques; mais on sait que les peuples anciens aimaient à remplacer le nom barbare par un équivalent de leur langue, toutes les fois que la traduction pouvait s'opérer avec facilité. Ils disaient, par exemple, Λευκοκώμη pour Ḥawra = חורא, Πέτρα pour סלע, etc. Le mot פנבעל, traduit en grec, donnerait Πρόσωπον τοῦ Βάαλ ou τοῦ Θεοῦ, et, en effet, un promontoire du nom de Πρόσωπον Θεοῦ a existé en Phénicie, ce qui fait supposer une forme phénicienne פנבעל. Dans le cas présent, nous avons une preuve plus directe; car nous retrouvons une île du nom de *Prosopon* tout près de Carthage, d'après l'indication explicite d'Étienne de Byzance; Πρόσωπον, νῆσος οὐ πόῤῥω Καρχήδονος. Il est donc très-vraisemblable qu'il existait dans cette île un sanctuaire de la déesse Tannat, d'où son titre : «Tannat de Peniba'al», c'est-à-dire de Prosopon.

Ainsi donc la dédicace si souvent répétée dans les tables votives de l'Afrique phénicienne doit se traduire : «à la Dame Tannat de Prosopon» et «au Seigneur Ba'al (dieu tutélaire) de la Libye». On peut maintenant se rendre compte pourquoi la déesse précède ordinairement le dieu dans l'invocation; ceci provient de son caractère local; car il est naturel que la dévotion des habitants voisins du temple ait donné une certaine préférence à la divinité qui y était spécialement adorée.

En terminant ces observations, qu'il nous soit permis d'émettre un sentiment sur le sens du mot hébreu חַמָּנִים, dont la traduction ordinaire de *solaria* est inadmissible, par les motifs exposés plus haut. Ce mot, si l'on tient compte du fait qu'il se trouve presque toujours en compagnie ou en parallèle avec אֲשֵׁרִים, paraît désigner une espèce d'arbre; le passage (II Chr. xxxiv, 4) וְהַחַמָּנִים אֲשֶׁר עֲלֵיהֶם גִּדֵּעַ «et il coupa les Ḥammanim qui s'élevaient au-dessus des autels», comparé au verset du livre des Juges, chap. vi, וְהָאֲשֵׁרָה אֲשֶׁר עָלָיו תִּכְרֹת «tu couperas l'Aschéra qui est au-dessus de l'autel», me paraît rendre cette supposition très-vraisemblable. חמן comme אשרה est un arbre;

peut-être même est-il identique à l'arbre خمّان «sambucus.» Or, quand on considère que les Phéniciens nommaient souvent les pays éloignés d'après leurs produits principaux, surtout ceux du règne végétal, par exemple, איבשם (=ברשם) «île des pins» = Πιτυοῦσσα, et probablement aussi le nom de Cypre est en relation avec les magnifiques cyprès qui y abondaient (hébreu כפר ou גפר), on ne peut douter que le nom de חמן pour la Libye ne provienne également de l'abondance du sureau que les Phéniciens ont trouvé à leur premier débarquement sur la côte de la Libye.

En dernier lieu, touchons encore un point qui se rattache à notre sujet. D'après ce que nous venons d'exposer, l'épithète *Baʿal-Ḥammon* désigne le dieu tutélaire de la Libye. Il entre dans les notions religieuses des anciens peuples de supposer à chaque contrée une divinité maîtresse et protectrice; il est donc très-vraisemblable que notre בעל חמן est un ancien dieu national des Libyens indigènes, et qui devait avoir un nom propre aussi bien chez les colons sémitiques que chez les Libyens eux-mêmes. La pénurie des documents rend impossible d'émettre là-dessus une opinion quelconque; cependant, quand on considère que le בעל צר, «dieu tutélaire de Tyr», avait pour nom propre *Melqart* מלקרת, on sent la possibilité que le nom propre du Baʿal libyen ait été מלכחמן, et cette opinion semble se confirmer par l'existence d'un nom d'homme écrit en néo-punique מילכעמן (Judas, XII, 1-2), qui se réduit à une forme phénicienne מלכחמן. Or il est avéré que les noms des dieux étaient usités chez les Phéniciens comme noms d'hommes. Quant au nom propre que le dieu tutélaire de la Libye portait chez les indigènes, il serait insensé d'aborder cette question avec les rares et maigres textes libyques qui sont à notre disposition. Faisons toutefois remarquer que, parmi les divinités libyennes, une seule est mentionnée dans les textes néo-puniques avec le titre de seigneur, absolument comme Baʿal-Ḥammon : l'inscription unilingue de Leptis magna porte להדן כלען גרבעל שעטר, etc. Levy traduit להדן כל ען par «au seigneur de tout le peuple» (*dem Herrn des ganzen Volkes von Gurbaal*), en identifiant, sans le moindre droit, ען avec עם. Il faut plutôt traduire «vœu fait au seigneur Koullan par Gerbaʿal le juge, etc.». Un nom d'homme, בעד = בערת־כלן כלען = עבדכלען «serviteur de Koullan», se trouve dans B, 6, et a été également méconnu par Levy, qui l'a rendu par «pour tout le peuple» (*für das ganze Volk*). La composition עבדכלן fait supposer l'existence d'un dieu du nom de Koullan, et, en effet, un personnage libyen de ce nom est mentionné dans le Corippus[1]. Il se peut donc qu'il soit le dieu que les colons phéniciens adoraient sous le nom de *Melkḥammôn*, et auquel ils donnaient le titre honorifique de «seigneur maître de la Libye».

§ 4. — כרסים ET הלכת.

Dans la grande inscription de Citium, découverte et publiée par M. de Vogüé dans ses *Mélanges d'archéologie orientale*, il est question d'un personnage du nom de *Reschepyaton* רשפיתן, qui porte le titre de מלץ הכרסים ou מלץ כרסים. Pour le mot מלץ, pas de doute possible : il signifie, ainsi que l'hébreu מֵלִץ, «interprète, internonce» ; le second mot, כרסים, est plus difficile à déterminer, et la présence de la lettre yod dans une orthographe qui est d'ordinaire extrêmement sobre en fait de lettres quiescentes n'a pas manqué de frapper tous ceux qui se sont occupés de ce texte. M. de Vogüé a pris cette forme pour un duel כְּרְסַיִם «internonce des deux trônes», en supposant qu'il s'agissait d'une sorte de fonction diplomatique concernant les relations de la cour de Citium et de l'empire de Perse, ou plutôt «interprète des deux tribunaux», en l'appliquant à une

[1] «Cullan», *Joh.* 4, 791 ; «Cullen», *ibid.* 4, 961. Les inscriptions libyques offrent la forme כל ou גל (voir *Journal asiatique*, février-mars 1874, p. 193).

fonction locale, nécessitée par la diversité des langues qui se parlaient dans l'île de Cypre, et correspondant à l'Ἑρμηνευτής des inscriptions grecques. La supposition d'un duel a été écartée avec raison par M. Derenbourg, qui a bien démontré que le duel phénicien était indiqué par la désinence םֵ comme dans שמם, אשנם, etc. et non pas par יִם comme en hébreu. M. Derenbourg reconnaît dans כרסים le pluriel de כרסי, forme pleine et usitée en araméen et en arabe, au lieu de la forme raccourcie כִּסֵּא propre à l'hébreu. Cette exposition grammaticale est irréprochable; ce qui l'est moins, c'est l'idée fondamentale du débat, c'est-à-dire qu'il soit question ici d'un mot correspondant au terme hébreu כסא «trône». J'avoue que la locution «interprète des trônes» me paraît inadmissible. On peut être interprète d'un homme ou d'un peuple qui parle une langue étrangère, mais un trône n'a pas besoin d'interprète; tout au plus pourrait-on tolérer un מלץ הממלכת «interprète du royaume»; mais l'expression «trône», surtout au pluriel, choque le sentiment linguistique. Le mot כרסים doit nécessairement représenter un nom de nation, et j'incline à lire מלץ הפרסים et מלץ פרסים «l'interprète des Perses»; le yod est ainsi le dénominatif de פרס «Perse», comme dans כתי «Citien», בזנתי «Byzantin», צדני «Sidonien», etc. Il va sans dire que les Phéniciens de Citium devaient employer des interprètes pour communiquer avec les rois perses, leurs suzerains, ainsi qu'avec la garnison perse qui stationnait dans leur ville; l'emploi d'interprète devait avoir alors une grande importance.

Le terme הלכת (l. 4) est pris par M. de Vogüé dans le sens de «intentions», rappelant le mot talmudique הלכות «règles pratiques». Il me paraît plus convenable de lui attribuer la signification de «frais et dépenses», et de le rapprocher du הֲלָךְ araméen (Esdras, IV, 13, 28; VII, 24), qui veut dire «impôt», au propre «somme courante».

§ 5. — FORMULES FUNÉRAIRES CHEZ LES PHÉNICIENS.

L'usage de mettre dans les épitaphes certaines exclamations pieuses à l'adresse du défunt existe chez tous les peuples. Les nations modernes emploient des phrases telles que : *Repose en paix ! Que la terre te soit légère !* et d'autres locutions semblables. Les inscriptions funéraires latines de l'Afrique septentrionale fournissent les formules sacramentelles : *H*(*ic*) *T*(*u*) *B*(*ene*) *C*(*ondaris*) ; *H*(*ic*) *T*(*u*) *B*(*ene*) *Q*(*uiescas*) ; *H*(*ic*) *O*(*ssa*) *T*(*ua*) *B*(*ene*) *Q*(*uiescant*), etc. Des formules analogues ont été également usitées parmi les Phéniciens ; les épitaphes néo-puniques publiées dans le recueil de M. l'abbé Bourgade, sous les numéros 32, 33, 34 et 35, en font foi. Mais, si la présence de ces formules est reconnue depuis longtemps, leur intelligence n'en est pas moins restée obscure. Cette obscurité est d'autant plus regrettable que, dans les épitaphes juives, ces sortes d'exclamations prennent ordinairement une allure dogmatique très-accusée ; il est donc possible que les formules phéniciennes contiennent, elles aussi, quelques notions religieuses qu'il serait bon de connaître. Cette supposition est devenue fort plausible depuis que le dogme de l'immortalité de l'âme a été constaté dans l'épitaphe d'Eschmounazar ; ce qui montre que, malgré certaines apparences matérialistes, les Phéniciens avaient su atteindre un haut degré de spiritualisme dans leurs conceptions religieuses. Un examen minutieux de ces formules funéraires m'a bientôt convaincu de leur grande importance, en tant qu'elles nous révèlent une idée religieuse qu'on était loin de s'attendre à rencontrer chez les Phéniciens.

Cherchons maintenant à établir le sens de ces formules.

Les numéros 32 et 33 du recueil de l'abbé Bourgade contiennent une formule identique au fond ; les différences portent sur deux mots seulement, et proviennent d'une fluctuation de prononciation de plus en plus déréglée qui s'accusa chez les colons phéniciens après la chute de Carthage.

La formule est ainsi conçue :

הנכת עבנת תחת (חעת) אבן (הבנת) זת קברת

Dans ces deux épitaphes, le défunt est du sexe féminin.

Les tentatives faites pour expliquer ce passage difficile se réduisent aux opinions émises par MM. Ewald et Judas, opinions critiquées par M. Levy, qui renonça à fournir une traduction. M. Ewald traduit cette phrase de la manière suivante « tu as obtenu le repos » (הֻנַּכְתְּ hofal = הנחת), « tu as été cachée » (עֻבַּנְתְּ de l'arabe خبن *recondidit*), « enterrée sous cette pierre » (קֻבַּרְתְּ) (*zur Ruhe kamst du, bist geborgen, unter diesem Steine begraben!*). L'éminent hébraïsant ne se contente pas de recourir à une racine arabe pour expliquer le עבן phénicien, mais il admet péremptoirement la permutation de خ et ע. Ce procédé, qui a ses difficultés, a fait réfléchir M. Schrœder[1], qui adopte, du reste, les vues de M. Ewald ; il se demande si le mot עבנת n'est pas un dénominatif de עבן=אבן « pierre », ayant le sens « d'être couvert d'une pierre ». On a à peine besoin de faire remarquer combien l'une et l'autre de ces étymologies sont forcées, et combien, d'après cette traduction, la phrase est vide et peu digne du ton solennel que réclame le caractère funéraire de l'inscription.

M. Judas a cru pouvoir lire ainsi : הנכת עבנת תחת ארן זת קברת, ce qu'il traduit par *deposita est in ædes sub arcam hujus sepulcri*. Ici se retrouve, sous une nouvelle forme, le ton creux et insignifiant que nous avons observé dans la phrase ressortant de la traduction citée plus haut, et qui nous paraît impossible dans une épitaphe. Mais nous n'avons pas besoin de

[1] *Die Phön. Spr.* p. 203, note 3.

parler du sentiment : cette traduction est également inadmissible par des raisons linguistiques. D'abord עבנת, comme pluriel de עבן = אבן, signifierait seulement « pierres » et non pas « constructions sépulcrales » ; et, même en admettant cette signification, il faudrait la préposition אל ou בתוך « dans » au lieu de l'accusatif ; puis le démonstratif, selon la règle générale des adjectifs, suit toujours le substantif qu'il détermine ; par conséquent, זת se rapporte à ארן, et enfin la leçon ארן est peu probable, à en juger par les autres exemplaires contenus dans le livre de l'abbé Bourgade. Cette dernière observation a déjà été faite par M. Levy, qui déclare cependant que les mots עבנת et קברת sont des synonymes ; ici encore je regrette de ne pas partager l'opinion du savant épigraphiste.

Pour pouvoir dégager le vrai sens de cette formule, il est indispensable d'en rapprocher deux autres variantes, qui présentent comme elle cette particularité que le mot עבנת est placé à la fin. La première variante (B. 35) figure dans une épitaphe appartenant à un personnage du sexe masculin et se lit :

הנכת { קיבר / קברת } תחת אבן זת עבנת

J'ai mis, pour le second mot, les deux leçons possibles ; la leçon קיבר se recommande par l'apparence dans la copie de l'abbé Bourgade ; aussi MM. Ewald et Levy l'ont adoptée d'un commun accord. L'autre leçon קברת a été suggérée par M. Schrœder, qui l'obtient à l'aide d'une correction plausible, de sorte qu'à propos de ce mot il n'y aurait aucune divergence dans les exemplaires. C'est au fond un point secondaire de forme, car ces termes ne diffèrent entre eux que par la terminaison féminine, qui ne change pas la signification du mot, comme nous le verrons tout à l'heure.

La seconde variante se trouve dans le numéro 34 du recueil de l'abbé Bourgade ; le défunt est du sexe féminin. Elle porte distinctement les mots suivants :

הנכת זואית תחת אבן ז עבנת

Le terme זואית a présenté un grand embarras aux exégètes. M. Ewald lit tout d'abord צואית, forme dans laquelle il voit le passif du verbe צוא = צוה; il arrive ainsi à la traduction un peu forcée : «tu es mandée, assignée» (= צוית *du bist bestellt*). M. Schrœder se demande s'il faut prendre זואית pour un adverbe de lieu signifiant «ici», et répondant au démonstratif hébreu זאת, qui a quelquefois cette signification (Esther, VII, 5; I Rois, XXII, 24, etc.), ou s'il faut le regarder comme étant composé du démonstratif זו et de la terminaison adverbiale אית. Je crois que ni l'une ni l'autre de ces suppositions ne peut satisfaire l'exigence d'une philologie sérieuse, car le démonstratif féminin s'écrit toujours זת, et notamment dans deux de nos variantes elles-mêmes (n°s 33 et 35), où on lit זת אבן ou הבנת זת «cette pierre». L'autre hypothèse est aussi peu probable : la composition d'un démonstratif et d'une terminaison adverbiale, sans analogie dans les autres langues sémitiques, est d'autant moins possible dans l'idiome phénicien, où l'emploi de cette terminaison adverbiale n'est pas même constaté.

On voit facilement que, pour comprendre ces formules, il faut, avant tout, se rendre compte de la nature grammaticale des termes עבנת et זואית. On peut y arriver par la comparaison des variantes, d'où il ressort avec certitude, d'un côté, l'équivalence de זואית avec קברת, et, de l'autre, la différence absolue entre עבנת et הבנת ou אבן. Or, comme le mot קבר ou קברת se fait facilement reconnaître pour être identique à l'hébreu קֶבֶר ou קְבֻרָה «tombeau», il s'ensuit que le terme זואית, qui le remplace dans le numéro 34, doit avoir une signification analogue ; il est, par conséquent, un substantif tout comme אבן ou

הנכת. Cela nous conduit ainsi à conclure que le seul verbe de ces phrases, représenté par le terme הנכת, est à la forme active, puisqu'il régit nécessairement l'un des substantifs dont il est suivi.

Ces considérations nous mettront à même, nous l'espérons, de trouver le sens probable de toutes ces formules. Nous commençons par les numéros 32 et 33, qui se réduisent à une seule formule; il est hors de doute que le sujet du verbe est représenté par le substantif קברת « tombeau », qui est du genre féminin. Même si l'on admet la leçon קיבר dans le numéro 35, la forme féminine du verbe n'a rien d'étonnant, car ce mot, quoique masculin en hébreu, pouvait être des deux genres en phénicien; ainsi on lit, par exemple, dans le Pœnulus : *macum syth* = מקם זת, tandis que, d'après l'usage hébraïque, on dirait מָקֹם זֶה. Mais quel sens attribuer au terme עבנת, qui, d'après les raisons exposées plus haut, doit être un substantif? J'incline à y voir une simple variante orthographique du mot hébreu עֲוֹנֹת (pl. de עָוֹן) « péchés »; la permutation de ו et ב n'est pas rare dans les langues sémitiques; exemples : אוה, שוע, שול, qui s'écrivent aussi אבה, שבע, שבל. Le verbe הנת, régissant le substantif עבנת, a le sens de « faire pardonner les péchés », comme dans Eccl. x, 4, מַרְפֵּא יַנִּיחַ חֲטָאִים גְּדוֹלִים « une parole humble fait pardonner de grands délits ».

Quant au mot זואית du numéro 34, nous avons cherché à établir qu'il doit être le synonyme du mot קברת « tombeau ». Il est, en effet, difficile d'en méconnaître l'identité avec l'hébreu זוית, qu'on traduit ordinairement par « coin », mais dont le sens primitif ressort du fait qu'il est mis en parallèle avec מִזְרָק « bassin à aspersion », dans Zacharie, ix, 15 (comparez la locution, Psaumes, cxliv, 12, בנותינו כזוית « nos filles sont [pleines de séve] comme les citernes (du sanctuaire, qui sont toujours remplies de vin destiné aux libations. ») L'insertion de l'aleph a encore lieu dans d'autres mots néo-puniques, par exemple,

קתאם pour כתם. Le mot זואית, proprement « citerne », désigne ici la fosse sépulcrale ; en hébreu, le terme בור a également ces deux significations [1].

Après ces préliminaires, nous arrivons à donner ces formules pourvues de ponctuation avec leur traduction littérale :

(B. 32, 33.) הִנְכַּת (=הִנְחַת) עֲבֹנֹת תַּחַת (תעת) אֶבֶן (הבנת) זֹת קְבֻרַת

(B. 35.) הִנְכַּת (=הִנְחַת) { קִיבֻּר / קְבֻרַת } תַּחַת אֶבֶן זֹת עֲבֹנֹת

(B. 34.) הִנְכַּת (=הִנְחַת) זַוְאִית תַּחַת אֶבֶן זְ עֲבֹנֹת

Traduction.

Remisit peccata sub lapide hoc sepulcrum !
Remisit sepulcrum sub lapide hoc peccata !
Remisit fovea sub lapide hoc peccata !

Cela équivaut à une locution précative conçue en ces termes :

« Puisse le tombeau ou la fosse, sous cette pierre, faire pardonner les péchés du défunt ! »

Maintenant, hâtons-nous de rapprocher de ces formules phéniciennes des locutions analogues qui reviennent dans les épitaphes juives ; mais, au lieu de les chercher chez les Israélites européens, je présenterai ici une de ces épitaphes hébraïques que j'ai copiées pendant mon séjour dans le Yémen, sur le cimetière israélite de la petite ville de Souda, dans le Beled Nehm, au nord-est de Ṣanʿa, et qui sont encore inédites :

אתנח סעדיה ברב

שלמה יום חמישי דהוא

[1] Même en prenant זואית dans le sens de coin de terre, il est assez rapproché du mot קבר ou קברת « tombeau » pour le remplacer occasionnellement.

עשרין ושבעה יומין
בירח נסן שנת א'ת'ת'כ'ג'
שנין אלהים ימחול
לו על כל עונותו א'נ'ס'ל

C'est-à-dire : «Saadia, fils de Rab Schelomo, est entré en repos, jeudi, le 27 du mois de Nissân de l'an 1823 de l'ère des Séleucides (avril-mai 1512). Que Dieu lui pardonne tous ses péchés! Amen.»

On voit que le pieux souhait contenu dans l'épitaphe phénicienne est au fond le même que dans l'inscription funéraire juive, avec cette différence que la formule juive exprime clairement le nom de celui qui peut pardonner et prendre en grâce le pécheur, tandis que le Phénicien polythéiste, comme s'il était embarrassé du choix à faire parmi tant de dieux, donne une tournure différente à sa phrase et ne cite aucun d'eux. Nous sommes loin de le regretter; car, grâce à son expression redondante, nous apprenons une autre particularité religieuse que nous retrouvons également chez les Juifs. Quand on voit avec quelle persistance se répètent les mots «sous cette pierre», qui paraissent tout à fait superflus, on ne peut pas s'empêcher de soupçonner que, dans la croyance des Phéniciens, la mise de la pierre sépulcrale avait un rapport quelconque avec le pardon qu'on désirait obtenir en faveur du défunt. Or n'est-il pas remarquable de rencontrer une théorie analogue dans le judaïsme? Le rite talmudique prescrit de mettre une pierre sur le cercueil d'un homme mort sans repentir, et la Guémara raconte qu'on a agi de la sorte envers certains rabbins, d'ailleurs très-pieux, qui sont morts pendant qu'ils étaient en dissentiment avec leurs collègues. La mise de la pierre sur le cercueil a pour but de faire expier les péchés du défunt par la punition symbolique qu'on lui inflige, afin que Dieu ne lui en demande plus compte dans l'autre monde; la même idée se fait jour dans les formules phéniciennes. Il est à peine nécessaire de faire remarquer que le désir exprimé dans les textes funéraires néo-puniques, de voir pardonnés les péchés des morts, n'est pas seulement une preuve incontestable que le dogme de l'immortalité de l'âme avait de profondes racines dans la religion phénicienne; mais il implique en outre que les Phéniciens avaient des croyances très-développées concernant la rétribution des actions humaines après la mort. En attendant que de nouveaux textes viennent éclaircir ces questions obscures, contentons-nous des résultats sommaires qui, quelque incomplets qu'ils soient, font néanmoins entrevoir combien l'opinion courante, qui attribue aux Phéniciens des tendances purement matérialistes, a besoin d'être modifiée.

§ 6. — LA DEUXIÈME INSCRIPTION D'OUMM EL-ʿAWÂMID.

Le voyage archéologique si fructueux que M. Renan a exécuté en Phénicie en 1861 et 1862 a mis au jour plusieurs textes phéniciens découverts sur les ruines de Laodicée, appelées par les Arabes *Oumm el-ʿAwâmid* « la mère des colonnes ». Le plus long de ces textes, celui qui est connu sous le nom de *première inscription d'Oumm el-ʿAwâmid,* ne présente aujourd'hui aucune difficulté d'interprétation, grâce au concours éclairé d'un grand nombre d'orientalistes, en commençant par l'éminent voyageur lui-même. Il n'en est pas ainsi en ce qui concerne le second texte, qui consiste en deux lignes gravées au bas d'une pierre à offrande trouvée sur les mêmes ruines. La deuxième inscription d'Oumm el-ʿAwâmid appartient à la série des textes votifs dont l'Afrique phénicienne a fourni des centaines d'exemplaires. On y voit ordinairement les mots נדר אש « vœu fait par » accompagnés du nom du donateur et de celui de la divinité à laquelle s'adressait le vœu; ces divinités sont presque toujours *Baʿal-Ḥammon* et *Tannat-Penîbaʿal* (בעל חמן, תנת פנבעל). Notre texte contient dans la seconde ligne la formule votive usuelle; la première ligne est entièrement occupée par le nom de la divinité, qui est tout autre que celui des tables votives de l'Afrique, bien que le mot חמן s'y trouve également. Quelle est cette divinité et comment faut-il comprendre les quatre mots qui servent à la désigner? Voilà les points que nous voulons discuter et, s'il se peut, éclaircir dans cette note.

La deuxième inscription d'Oumm el-ʿAwâmid est ainsi conçue :

למלכע(ש)תרת אל חמן

אש נדר עבדאשמן על בני

MM. Renan et Levy traduisent : «A la reine Astarté, déesse solaire; vœu fait par ʿAbd-Eschmoun pour (L. avec) mon fils».

La traduction de la première ligne s'éloigne du sens littéral du texte en ce qu'elle substitue le genre féminin au genre masculin affecté par les mots מלך, אל, חמן; le changement du genre a été imposé aux savants traducteurs par cette considération qu'Astarté joue toujours le rôle d'une divinité féminine; aussi avait-on supposé tout d'abord qu'il fallait lire ces mots avec la terminaison du féminin, conformément à la prononciation hébraïque חַמָּנָה מַלְכָּה, le terme אל seul pouvant servir pour les deux genres indifféremment, supposition abandonnée ensuite par cette raison que le genre féminin est régulièrement indiqué en phénicien par la finale *t* et non par la simple voyelle *â*. La difficulté du changement du genre subsiste donc entièrement, et elle est si grave que M. Levy renonça à la résoudre. Il émit cependant deux hypothèses qui introduisirent une modification dans la coupure des mots. La première de ces hypothèses consiste à lire לְמֶלֶךְ עשתרת אל חמן «à

Moloch, Astarté et El-Ḥammon», de sorte que la pierre serait dédiée à trois divinités à la fois; mais, comme il n'y a aucune trace du culte de Moloch dans les monuments phéniciens[1], M. Levy donne la préférence à une autre hypothèse. Les mots למלך עשתרת אל חמן seraient à traduire ainsi : «Au roi d'Astarté, El-Ḥammon»; le qualificatif «roi» aurait le sens de «mari», en admettant avec Movers et M. A. Müller qu'Astarté fût considérée par les Phéniciens comme l'épouse de Baʿal. De cette manière, notre inscription ne serait plus dédiée à Astarté, mais à son divin époux Baʿal; M. Levy ajoute que cette supposition fait disparaître toutes les difficultés grammaticales.

Je regrette de ne pas partager cette opinion; même en admettant la relation conjugale de Baʿal et d'Astarté, notre texte n'en deviendra pas plus clair; au contraire, de nouvelles difficultés surgiront par suite de cette interprétation. Tout d'abord il y a lieu de s'étonner que le dieu Baʿal ne soit mentionné que sous le double déguisement de *roi d'Astarté* et de *El-Ḥammon?* Pourquoi le donateur a-t-il hésité à faire graver distinctement le nom de Baʿal, comme l'ont fait les auteurs de tant d'autres pierres votives? Puis, si אל חמן était le dieu auquel s'adressait le vœu, il faudrait nécessairement לאל חמן, à l'instar des locutions לאדן לבעל, לרבת לתנת des bons textes. L'expression לאדן בעל, לרבת תנת ne se rencontre que dans les textes néo-puniques les plus modernes et les plus négligés, et s'excuse par la proximité du terme qualifié et du qualificatif, tandis qu'ici les termes אל חמן sont séparés de למלך par le nom עשתרת; la meilleure construction aurait été לאל חמן מלך עשתרת. Enfin, dans aucune langue sémitique, le mot

[1] Cette assertion du savant épigraphiste de Breslau est encore fort discutable; je crois, au contraire, que le Moloch biblique est le même que Melqart מלך־קרת, le dieu de Tyr, dont le culte était répandu dans toutes les colonies phéniciennes.

מלך n'est synonyme de בעל; une femme dira bien à son mari אדוני, mais jamais מלכי. Ajoutons que le titre אל חמן est lui-même insolite, et qu'il doit y avoir une raison pour que l'on ait abandonné l'expression בעל חמן, qui est si fréquente dans les monuments de Carthage.

Il résulte des considérations précédentes que notre monument n'est voué ni à Baʿal, ni à Astarté, ni à Moloch, ni à El-Ḥammon séparément; nous pouvons ajouter, ni aux trois dernières divinités collectivement, car, dans ce cas, la conjonction n'aurait pas manqué, au moins devant le dernier nom. Quel est donc le dieu que notre ʿAbdeschmoun entendait honorer? Le seul moyen qui reste pour résoudre ce problème, c'est de supposer que le groupe מלכ עשתרת forme un complexe indivisible et représentant le nom propre d'un dieu particulier; les mots אל חמן, qui suivent immédiatement, sont par conséquent l'épithète du dieu *Melkiastart*, ce qui explique pourquoi ces mots sont dépourvus du ל, indice du datif.

Dans le paragraphe précédent, nous avons signalé toute une série d'objections qu'on est en droit de faire contre l'explication de בעל חמן par « Baʿal solaire »; ces objections gagnent un nouvel appui dans le texte qui nous occupe. En effet, d'après la traduction citée plus haut, notre monument aurait été voué à Astarté, déesse que toute l'antiquité identifiait à Vénus; mais alors comment se fait-il qu'Astarté soit qualifiée de « déesse solaire », si les mots אל חמן ont cette signification? Faut-il supposer une relation mystique entre Vénus et le soleil? ou bien faut-il admettre d'emblée l'identité de Baʿal et du soleil? Ceci est pourtant très-difficile, car Baʿal se trouve mentionné séparément et à côté de שמש dans II Rois, XXIII, 5, et cette distinction entre Baʿal et le soleil est rigoureusement observée dans les textes palmyréniens; ainsi le dieu *Baʿal-Schamin*, dont la suprématie absolue ressort de la qualification de מרא עלמא « maître du monde », a été assimilé dans les traductions grecques à Jupiter (M. de Vogüé, *Syrie centrale*, p. 50), tandis que le dieu שמש «soleil», n'ayant que l'épithète de אלהא טבא «dieu bon», est rendu en grec par Hélios (*ibid.* n° 108, p. 69). L'incompatibilité du titre solaire avec le caractère d'Astarté a été bien sentie par M. Renan, qui s'est vu obligé de supposer que le sens du terme *Ḥammon* s'était déjà perdu chez les Phéniciens, et que la dévotion populaire donnait ce titre d'une façon abusive à toutes les divinités célestes. Au lieu de s'arrêter à cette extrémité, il me paraît plus naturel d'en conclure que le terme חמן ne signifie pas «solaire» : c'est précisément le résultat de nos recherches antérieures. Nous pensons que notre monument était dédié à un dieu qui était spécialement adoré par les Phéniciens établis sur les côtes de la Libye et qui avait pour nom *Melkiastart*. Le donateur semble avoir été un Carthaginois domicilié à Laodicée et attaché au culte de son ancienne patrie. L'épigraphie phénicienne montre plusieurs faits de ce genre; ainsi, par exemple, une inscription de Malte est dédiée à *Melqart*, dieu tutélaire de Tyr; Harpocrate est invoqué dans un monument d'Espagne, etc. Du reste, il est avéré que les colons babyloniens et autres transplantés en Samarie par les Assyriens y avaient continué pendant longtemps le culte de leurs divinités nationales (II Rois, XVII, 29).

Notre inscription paraît donc pouvoir se traduire ainsi :

«A Melkiastart, dieu libyen; vœu fait par ʿAbd-Eschmoun avec son fils».

Le yod de בני est le suffixe de la troisième personne du singulier masculin.

Disons maintenant quelques mots à propos du dieu que notre texte révèle pour la première fois. Le nom מלכעשתרת semble tout d'abord convenir beaucoup mieux à un homme qu'à un dieu, car je ne crois pas pouvoir en rapprocher les noms d'anges comme מיכאל, גבריאל, qu'on rencontre dans la basse époque biblique; dans ces composés, le terme אל exprime une idée abstraite, tandis qu'Astarté représentait une conception concrète et définie. On pourrait penser au besoin à un personnage humain divinisé, supposition en faveur de laquelle il ne sera pas difficile de citer des exemples, même parmi les peuples sémitiques; cependant le titre si général de «dieu libyen» ne paraît pas s'accorder avec cette hypothèse. La nature de ce nom divin devient claire quand on prend le mot עשתרת pour un appellatif dans le sens de «troupeau» qu'il a en hébreu (Deut. xxviii, 4, 18); מלכעשתרת «roi de troupeau» représente ainsi une formation toute pareille à celle du nom divin מלקרת, qui signifie proprement «roi de ville» (מלך־קרת). Le nom de la déesse Astarté עשתרת a certainement la même signification et n'est que l'abréviation de בעלת עשתרת «maîtresse de troupeau», d'où la *Baltis* des auteurs grecs. On n'a nullement besoin de chercher l'étymologie de עשתרת dans une langue étrangère; le culte d'Astarté est tout ce qu'il y a de plus incontestablement sémitique. Les cornes de vache, qui constituent le symbole essentiel de la déesse et que l'on rattache ordinairement à son caractère sidéral, semblent avoir primitivement fait allusion aux troupeaux mis sous sa garde. Astarté, dès le principe la divinité synonyme des troupeaux[1], a reçu avec le temps des attributions très-variées, grâce à l'association des idées et à l'accroissement des abstractions amenées par le progrès de la civilisation, car toute conception religieuse, sous peine de mourir, est obligée de s'assimiler les éléments intellectuels que le temps apporte avec lui; et notre

[1] Sous cette importante réserve, la relation conjugale entre Ba'al et Astarté devient assez plausible, surtout quand on suppose que le nom Ba'al est abrégé de *Ba'al-'Aschtar* «maître de troupeau». Le progrès dans l'astronomie, ou plutôt dans l'astrologie, a fait de Ba'al et d'Astarté des divinités célestes. Ba'al devint alors Ba'al-Samêm «maître des cieux», et Astarté fut nommée Astart-Samêm (*Inscr. d'Eschmounazar*, l. 16), Astarté des cieux (Uranie). Cette transformation provient de ce que les anciens se figuraient les étoiles du zodiaque sous forme d'animaux.

déesse, de conception étroite et matérielle qu'elle était à son origine, a fini par devenir chez les philosophes un principe cosmique multiforme et infini. Cependant le peuple phénicien, restant étranger aux élucubrations de l'école, n'a jamais oublié l'origine pastorale de la grande déesse nationale, témoin le nom Melkiastart qu'il a donné à un dieu de la Libye. Faisons encore remarquer que le sens de troupeau pour עשתר[1], qui ne diffère de עשתרת que par la suppression de la terminaison du féminin, se trouve dans l'inscription de Mescha', l. 17 : la phrase כי לעשתר כמש החרם peut se traduire ainsi : «car l'interdit appartient au troupeau de Kemosch»[2], c'est-à-dire aux prêtres voués à son culte. L'expression עשתר כמש a son analogie dans la locution hébraïque עדר יהוה (Jérémie, XIII, 17), le troupeau de Yahwé, c'est-à-dire ses adorateurs particuliers.

Puisque nous venons de rencontrer ici le terme חמן, dans lequel nous croyons voir la désignation phénicienne de la Libye, qu'il nous soit permis de revenir sur son étymologie. Dans un article précédent nous avons essayé de démontrer que ce mot indiquait primitivement une espèce d'arbre, qu'on avait l'habitude de planter autour des autels et avec le bois duquel on fabriquait les simulacres des dieux qu'on posait dessus. Nous avons en outre établi, par le témoignage d'Étienne de Byzance, que le nom de Ḥammon donné par les Phéniciens à la Libye s'appliquait primitivement à l'oasis d'Ammon, célèbre par l'oracle de ce dieu; nous pouvons maintenant citer un passage de Pline qui nous apprend que cette oasis nourrissait une espèce particulière d'arbre qui distillait une résine

[1] La forme masculine désigne naturellement un troupeau de bestiaux en général, et la forme féminine indique particulièrement un troupeau de bestiaux femelles; cela explique l'androgynisme primitif d'Astarté.

[2] Le dernier mot de cette phrase moabite peut aussi être le commencement d'un verbe; dans ce cas on traduira : «Car je l'ai (les ai) voué (voués) au troupeau de Kemosch.»

odoriférante très-estimée chez les anciens. Voilà ce qu'en dit cet auteur : «Ergo Æthiopiæ subiecta Africa hammoniaci lacrima stillat in harenis suis, — inde nomine etiam Hammonis oraculo, iuxta quod gignitur arbor quam metopon appellant — resinæ modo aut cummium» (XII, 107). Il est donc très-possible que, sous le nom de חמן, les Phéniciens entendissent l'arbre résineux appelé par les Grecs *metopon;* comparez l'arabe خَامَان «sambucus» et خامان صغير «ebulus.»

On voit que notre texte a enrichi le panthéon phénicien d'un nouveau dieu, et qu'il a fourni la clef du nom d'Astarté, qui est resté une énigme jusqu'à présent; ceci donne à la mission de Phénicie un titre de plus à la reconnaissance du monde savant.

§ 7. — LES MÉDAILLES DE TARSE DITES D'*ABDZOHAR*.

Notre siècle est avide d'histoire. Grâce au progrès accompli dans l'épigraphie sémitique, on voit émerger de l'oubli un grand nombre de personnages jadis inconnus, dont les noms donnent souvent lieu à des conclusions d'un caractère religieux; car les peuples sémitiques faisaient entrer dans leurs noms propres les noms de leurs divinités. On voit combien il importe que l'existence de tel nom propre, qui se montre pour la première fois, soit établie avec certitude; autrement, la base de l'investigation risque de crouler un beau jour et d'entraîner dans sa chute les conclusions auxquelles elle a donné lieu et qui sont devenues chères à plusieurs personnes.

Ces réflexions nous ont été suggérées par la légende qui figure sur quelques dariques frappées en Cilicie, et que l'on a si improprement nommées les *médailles d'Abdzohar.*

Lesdites médailles, dont on connaît cinq variantes, sont figurées dans le grand travail de M. de Luynes sur la *Numismatique des satrapies*, et, en partie, dans les *Monumenta* de Gesenius. Elles représentent, au droit, Baal-Jupiter, assis sur un trône, tenant le sceptre et tourné à gauche; devant lui, un épi et une grappe de raisin; à droite, la légende בעל תרז; sous le trône et en face, les deux lettres isolées מנ; au revers, on voit figuré un lion déchirant un taureau; au-dessous, deux murs de forteresse crénelés; en haut, vingt et une lettres phéniciennes ainsi formées :

מזדי זי על עבד זהרא וחלך

Dans cette légende, il n'y a que le dernier groupe qui soit à l'abri du doute; car, dans les médailles publiées par M. Waddington (*Études de numismatique asiatique*), le mot חלך est rendu en grec par ΚΙΛΙΚΙΩΝ; il signifie, par conséquent, la Cilicie; les autres mots ont été diversement lus et interprétés; nous passons sur les interprétations de Gesenius, du duc de Luynes et de M. Fr. Lenormant, qui, reposant sur de fausses leçons, ont déjà été écartées par M. Waddington.

M. Waddington lui-même incline à lire מזדי זי על עבדזהרו חלך et traduit ainsi : « Monnaies d'Abdzohar (satrape) de Cilicie ». Cette traduction, la plus sobre de celles qui ont été proposées, peut à peine se concilier avec le sens littéral des mots; car, dans aucune langue sémitique, le terme מזדי ne signifie monnaie, puis la préposition על devient tout à fait superflue, et, enfin, le waw qui précède le mot חלך ne peut pas appartenir au mot עבדזהר; car celui-ci se termine, dans la majorité des exemplaires, en aleph; il doit, par conséquent, représenter la conjonctive « et ».

Le dernier essai d'interprétation a paru en 1861; son auteur, feu le docteur Levy, de Breslau, a le premier reconnu la leçon נהרא pour זהרא sur trois exemplaires, et cette remarque est très-importante, comme on verra plus loin; quant à son interprétation de la légende, elle me paraît peu réussie, ainsi qu'il sera démontré tout à l'heure.

D'après Levy, cette légende signifierait : Mazdi (= Ahouramazda), qui est sur les adorateurs de la lumière (עֲבַד נְהֹרָא = זְהֹרָא) et la Cilicie (Mazdi [Ahuramazda], *welcher ist über die Lichtanbeter und Cilicien*).

J'avoue qu'une invocation d'Ahouramazda pour protéger les adorateurs de la lumière me paraît déplacée sur des monnaies destinées à l'usage profane et frappées dans un pays éloigné de la Perse; cela est d'autant plus étonnant, que le recto de la médaille porte non pas l'emblème du dieu perse, mais la figure de Jupiter; comment le père de la foudre se serait-il si bénignement résigné aux hommages rendus en sa présence à un rival oriental? Mais, à part ces considérations, une pareille traduction est insoutenable au point de vue purement philologique, car l'expression זי על = דעל indique nécessairement une fonction administrative, comme אשר על en hébreu (Genèse, XLIV, 2; Isaïe, XXII, 15); de plus, si les mots עבד זהר étaient la qualification d'une certaine classe d'hommes, on aurait certainement mis devant le nom propre חלך un mot signifiant «hommes, habitants», par exemple, אנשי, דארי, etc. exigés par le parallélisme, et, en dernier lieu, si le mot עבד était un pluriel à l'état construit, le yod caractéristique ne pouvait pas être omis, puisque l'orthographe araméenne exprime toujours les lettres quiescentes à la fin des mots, témoin la particule זי, qui s'écrit avec yod. Ces remarques suffisent pour démontrer que le dernier mot est loin d'avoir été dit sur cette légende. Déjà, en 1852, les interprétations étaient tellement improbables et confuses, que M. Blau a pu dire avec pleine raison : *Wer die Geister sich will quälen sehen, schlage die betreffenden Abhandlungen von Gesenius und Luynes nach.* Vingt ans sont écoulés depuis que ces mots ont été écrits, et nous sommes absolument dans la même incertitude.

Après un si long tâtonnement, on ose à peine avancer une opinion quelconque; je crois cependant pouvoir présenter une nouvelle solution du problème, et d'autres jugeront si elle est définitive. Je pars du point de vue que le groupe de sept (six), lettres lié par waw avec le nom de la Cilicie doit être un nom propre de province, et cette considération m'amène à lire ce groupe dans tous les exemplaires עֲבַר נַהֲרָא «le pays ciseuphratique», expression qui se retrouve dans Esdras, IV, 10, 11, 16, 20, avec la même signification. Cette leçon me paraît très-acceptable; car les variantes, au lieu de présenter deux mots synonymes, comme l'a pensé M. Levy, proviennent plutôt de la négligence du graveur, négligence qui a défiguré les autres mots dans une égale mesure; il est même vraisemblable que la gravure fut exécutée par un homme ignorant l'écriture araméenne. Le premier mot ne peut donc être que le nom du satrape; il se prononce *Mazdaï* et est visiblement d'origine perse, puisqu'il rappelle le second élément du nom d'*Ahoura-mazdâ*.

Je propose donc la traduction suivante :

«Mazdaï, satrape de (mot à mot : qui est mis sur) la Ciseuphratique et de la Cilicie».

Les mots בעל תרז n'indiquent pas une divinité, mais les habitants de Tarsus, comme בעלי שכם (Juges, IX, 2, 3); les lettres מנ commencent le verbe מנא, compter, c'est-à-dire examiné et trouvé le poids juste; c'est la marque de l'administration. Cette formule a donné lieu au célèbre *mené, mené,* etc. de Daniel (V, 25).

Le nom du satrape Mazdaï se voit encore sur d'autres médailles de l'Asie Mineure; cela s'explique par la relation d'Hérodote qu'à l'époque perse la Cilicie s'étendait au delà du Taurus vers le nord et atteignait l'Euphrate du côté est (Hérod. V, 49). Touchant la limite méridionale de la Cilicie, il y a deux données contradictoires en apparence qui se concilient parfaitement avec le secours de notre légende. D'après Solin, XXXVIII, 1, la Cilicie s'étendait anciennement jusqu'à Pelusium;

elle aurait ainsi compris la Syrie et la Palestine, ce qui paraît fort étrange, d'autant plus que, d'après le témoignage non moins suspect des passages d'Esdras, cités plus haut, ces pays sont clairement indiqués sous le nom de *Ciseuphratique* עֲבַר נַהֲרָא. Cette difficulté est entièrement levée, grâce à l'indication fournie par l'épigraphie; nos légendes montrent la province ciseuphratique réunie juridiquement à la Cilicie sous un seul chef; elles formaient, par conséquent, une seule satrapie; voilà pourquoi, au point de vue administratif, la Cilicie allait jusqu'à la frontière d'Égypte, tandis que, comme division territoriale, la Syrie et la Palestine étaient comprises sous la dénomination collective de *ʿAbar-Naharâ* (Ciseuphratique).

Le fait établi par le témoignage de notre légende, savoir que les pays ciseuphratiques étaient administrativement annexés à la satrapie de Cilicie, donne pour la première fois le moyen d'éclaircir un point fort obscur, qui se fait remarquer dans l'énumération des satrapies figurant dans les inscriptions de Darius à Bissoutoun et à Naqschi-Roustam. On s'est depuis longtemps étonné de ne pas voir figurer sur la liste des satrapies ni la Syrie, ni la Phénicie, ni la Palestine; cependant ces provinces avaient certainement une grande importance pour l'empire perse par leurs ports maritimes et par les services que les flottes phéniciennes rendaient si souvent aux intérêts du grand roi. L'énigme se résout du moment qu'on sait que ces pays faisaient partie de la satrapie de Cilicie; c'est donc la Cilicie qui doit nécessairement figurer dans la liste, et, en effet, je l'y trouve sous un nom très-peu différent de celui qu'elle porte dans nos légendes. La satrapie appelée *Karikâ* dans les textes de Darius a été identifiée par M. Oppert avec Carthage; mais cette colonie phénicienne ne paraît jamais avoir été soumise à la domination perse; car nous savons, par le témoignage d'Hérodote (III, 19), que les Phéniciens avaient formellement refusé de concourir avec leur flotte à la conquête de Carthage projetée par Cambyse; d'autres interprètes ont pensé à quelque petit pays montagneux de l'Arménie. D'après ce que nous venons de dire sur l'importance de la Cilicie sous le régime perse, il nous paraît impossible de penser qu'elle fût omise dans la liste, et nous nous croyons autorisé à la voir dans la Karikâ des textes cunéiformes, d'autant plus que le nom de cette province s'écrit aussi en phénicien כלך avec kaf au lieu de ḥet. La transcription est, comme on le voit, aussi exacte que possible; car l'idiome perse remplace régulièrement *l* par *r;* il dit, par exemple, *Babirus* pour *Babilus* = Babylone. Les territoires transjordaniens avec une partie de la Syrie orientale paraissent avoir formé la satrapie d'Arabie, l'Arabaya des documents perses. Faisons encore remarquer que les termes חלך et כלך pour la Cilicie reviennent également dans la littérature hébraïque sans avoir été signalés jusqu'à présent. Je crois reconnaître la première forme dans Ézéchiel, XXVII, 11; le passage בני ארוד וחלך a déjà été méconnu par les Septante, qui l'ont traduit par *υἱοὶ Ἀραδίων καὶ ἡ δύναμίς σου;* la même vue est partagée par la Massore, qui, en pensant au substantif חיל «force», a inséré un yod après le ḥet; une locution telle que «les fils d'Arwad et ton armée étaient autour de tes murs» choque par la présence du suffixe de la seconde personne. Il faut plutôt traduire les «fils d'Arwad et de Cilicie, etc.» Arwad = Aradus et la Cilicie ont l'une et l'autre des contrées situées au nord de Tyr. La forme כלך se trouve dans la Mischna de Sabbat, section 2; il y est question de matières qui ne doivent pas être employées pour en confectionner la mèche de la lampe qui est destinée à éclairer la maison le vendredi soir; le rejet de ces matières, dont notre כלך fait partie, est motivé par cette raison qu'elles brûlent mal, et qu'il est à craindre que quelqu'un de la maison, en oubliant la présence du Sabbat, ne se mette à arranger la lampe pour voir clair. Le sens de ce mot est resté douteux : quelques commentateurs le prennent pour du déchet de soie; d'autres y voient une espèce de lichen. Il est plus probable que la matière nommée כלך était l'étoffe grossière de poils de chèvre, dont on fabriquait en Cilicie des habits de basse qualité connus sous le nom de *cilices* קיליקין; il paraît même que le nom de «Cilicie» est dû à ce produit, qui formait un notable article de commerce; l'habitude d'appeler les localités d'après leur produit principal est démontrée par le nom même de Tarsus, écrit תרז en phénicien, et qui désigne une espèce d'arbre, le sapin?, en hébreu תִּרְזָה (Levy, Ph. St. I, 19, note 2). Comparez les villes de Palestine תָּמָר (palmier); עֵנָב (vigne); תַּפּוּחַ (pommier); צְמָרַיִם (laine), etc.

Une autre forme du nom de la Cilicie existe aussi dans la Bible. M. Levy a très-bien établi l'identité de cette province avec le pays de חלח, où, d'après II Rois, XVII, 6, Salmanasar (selon I Chr. V, 26, Tiglat-Pileser) avait transporté les exilés des dix tribus. En effet, le nom חָבוֹר, *Habor,* qui suit dans ce passage, rappelle le fleuve Chaboras, qui se verse dans l'Euphrate près de Circesium. Ces exilés se sont ensuite répandus dans l'Asie Mineure; là, ils furent rejoints par bon nombre de captifs de la Judée, appartenant aux tribus de Juda et de Benjamin, que les rois assyriens y envoyaient par suite de leurs invasions réitérées dans le royaume de Juda. Ainsi, il est avéré que saint Paul, originaire de Tarse en Cilicie, descendait de la tribu de Benjamin (I Rom. XI, 2). Le prophète Obadia (Abdias) désigne clairement les exilés de Jérusalem établis en *Sepharad,* expression qui rappelle la *Saparda* des inscriptions de Darius, laquelle indique une province d'Asie Mineure, peut-être la Phrygie. L'Asie Mineure pouvait donc, à plus juste titre que toute autre contrée, être appelée «le pays des douze tribus», et l'on est conduit à en conclure que l'épître de saint Jacques adressée aux «douze tribus de la dispersion» avait en vue principalement les communautés juives de l'Asie

Mineure. En effet, aucun document apostolique ne fait mention de la prédication de l'Évangile dans la haute Asie. Ce sont ces communautés d'Asie Mineure, parlant grec et pénétrées de la philosophie médiatrice d'Alexandrie, qui ont absorbé l'activité des apôtres. Une dernière trace des dix tribus dispersées nous est conservée par la Mischna. On y voit R. Akiba traiter durement ces tribus, leur refuser à jamais la consolation de retourner en Palestine, ce qui s'explique, à mon avis, en songeant qu'Akiba, partisan de Barkokeba, ne pardonnait pas aux Juifs d'Asie Mineure de n'avoir pas appuyé le soulèvement contre les Romains. Depuis lors, le souvenir des dix tribus s'est entièrement perdu, et on a fini par les supposer dans des contrées éloignées et barbares, aux portes du Caucase, dans la Tartarie, etc. Cependant les exilés eux-mêmes conservèrent longtemps la tradition de leur origine; les colonies qui émigrèrent de l'Asie Mineure dans la Chersonèse Cimbrique (Crimée), comme le prouvent les inscriptions juives funéraires de cette contrée, se servaient d'une ère datant de la transportation assyrienne et gardaient pieusement la distinction des tribus.

J'ai à peine besoin de faire remarquer que les considérations relatives à la signification du mot כלך et à l'exil des Israélites, quelle que soit leur valeur, ne préjugent rien sur l'explication des médailles ciliciennes. J'espère que ces médailles seront désormais restituées au satrape Mazdaï[1], leur auteur légitime, qui prendra définitivement place parmi ses collègues, Tiribaze, Gaos, Datamès et autres hauts fonctionnaires de l'empire achéménide.

[1] Le nom de Mazdaï est bien le même que le *Μαζαῖος* des Grecs. Un satrape du nom de Mazaeus administra la Cilicie sous Artaxerxès III et joua un rôle dans la guerre contre les Phéniciens. C'est aux numismates de profession à décider si les monnaies de Tarse peuvent être attribuées à ce Mazaeus ou bien à un de ses prédécesseurs du même nom.

§ 8. — עֵבֶר נַהֲרָא־עֵבֶר הַנָּהָר ET LA VILLE DE חָרָן, BERCEAU DES PEUPLES ABRAHAMIDES.

La tradition des peuples issus d'Abraham, consignée dans le onzième et le douzième chapitre de la Genèse, place leur berceau à *Our des Chaldéens,* en hébreu אוּר כַּשְׂדִּים, *Our Kasdim,* ville située dans une contrée qui s'appelle, en hébreu עֵבֶר הַנָּהָר *'Eber-hannâhâr.* D'après le récit biblique, la famille d'Abraham avait émigré d'Eber-hannâhâr avec l'intention de se rendre en Palestine; mais, arrivée à חָרָן, *Ḥârân,* dans le pays dit אֲרַם נַהֲרַיִם, *Aram-naharaïm* «l'Aramée entre deux fleuves», elle se décida à s'y fixer pour toujours. Seuls, Abraham et quelques-uns des siens continuèrent leur migration jusqu'à ce qu'ils fussent arrivés sur le sol de la Palestine. Après leur établissement dans la terre promise, les patriarches entretinrent des communications suivies avec leurs parents restés à Ḥârân. Rébecca, fille de Batuel l'Araméen, est amenée de Ḥârân pour devenir la femme d'Isaac; c'est à Ḥârân aussi que se réfugie Jacob, craignant la vengeance de son frère Ésaü; là, il épouse les filles de Lâbân l'Araméen et devient père de douze enfants qu'il ramène en Palestine. Depuis l'époque des patriarches, les communications avec *Our Kasdim* et *Ḥârân* cessent tout à fait; mais les contrées dans lesquelles ces villes étaient situées sont mentionnées à trois différentes époques de l'histoire du peuple hébreu. Un roi d'Aram-naharaïm envahit la Palestine au début de l'époque des Juges; à l'époque de David et de Salomon, Eber-hannâhâr et Aram-naharaïm sont annexés au royaume d'Israël; enfin, à l'époque perse, le terme עֵבֶר הַנָּהָר, *'Eber-hannâhâr,* ou son équivalent araméen עֲבַר נַהֲרָא, *'Abar-nahara,* désignait tout le pays ciseuphratique, comprenant la Syrie, la Phénicie et la Palestine. C'est avec cette acception que j'ai trouvé le terme *'Abar-nahara* dans les légendes

des médailles de Tarse que j'ai eu l'honneur d'exposer devant l'Académie des inscriptions et belles-lettres, dans la séance du 6 décembre 1872, et qui a péremptoirement ébranlé ma foi dans l'interprétation qu'on donne communément aux termes géographiques *'Eber-hannâhâr* et *Aram-naharaïm*, en traduisant l'un par « au delà de l'Euphrate », l'autre par « Mésopotamie », et, par conséquent, comme indiquant, l'un et l'autre, des pays transeuphratiques et en dehors de la Syrie proprement dite. D'après l'opinion généralement admise, *Our Kasdim* est une ville de Babylonie, et *Hârân* est identique à la ville de *Carrhæ* dans la Mésopotamie septentrionale, ville près de laquelle eut lieu la célèbre bataille entre les Romains et les Parthes, où Crassus perdit la vie; bref, le berceau des peuples abrahamides, et surtout du peuple juif, serait en pleine Mésopotamie. La question consiste à examiner si les expressions *'Eber-hannâhâr* et *Aram-naharaïm* désignaient dans l'antiquité hébraïque des pays ciseuphratiques tout comme à l'époque perse, ou bien une province transeuphratique, une portion plus ou moins grande de la Mésopotamie.

Je ne me dissimule pas que la question paraîtra téméraire aux personnes qui ont une confiance absolue dans l'ancienne exégèse. En effet, depuis la version des Septante, on s'est accoutumé à placer l'origine des patriarches dans les vastes plaines de la Mésopotamie; on se représente ces patriarches comme des nomades de race qu'un hasard a jetés sur une terre cultivée; révoquer en doute une opinion adoptée et consacrée par vingt siècles, n'est-ce pas faire preuve d'une grande insouciance ou d'un scepticisme outré? Voilà, je le reconnais, le côté ingrat de la recherche; j'espère pourtant qu'on voudra bien prendre en considération que, quelque important et digne de respect que puisse être un point d'exégèse si ancien, il doit être subordonné aux faits qu'un nouvel examen peut mettre en lumière. Du reste, je suis loin de vouloir résoudre définitivement la question. Je me propose surtout d'expliquer pourquoi ma confiance dans l'opinion commune est ébranlée, et quel degré de probabilité peut s'attacher à l'opinion contraire, qui admettrait que les pays cités dans la sainte écriture sous la dénomination d'*Eber-hannâhâr* et d'*Aram-Naharaïm* représentent des territoires purement syriens.

Considérons tout d'abord la correspondance supposée entre l'expression grecque *Mésopotamie* et le mot hébreu *Aram-naharaïm*. Lorsque les Septante ont fait la traduction de la Bible, le terme géographique *Mésopotamie* était d'un usage général parmi les Grecs. Comme l'expression hébraïque *Aram-naharaïm* «l'Aramée entre deux fleuves» a une certaine analogie avec le mot grec qui signifie «entre deux fleuves», ils ont été conduits à identifier l'un à l'autre, et cette identification les a obligés à traduire עֵבֶר הַנָּהָר par «au delà de l'Euphrate», car plusieurs passages de la Bible font voir qu'Eber-hannâhâr s'appliquait quelquefois à un pays plus éloigné de la Palestine qu'Aram-naharaïm. Mais, en regardant de près, on ne tarde pas à s'apercevoir que le terme *Mésopotamie* ne peut pas remonter à une époque antérieure aux conquêtes d'Alexandre en Asie. En effet, à l'époque grecque, lorsque, d'un côté, les anciennes cités d'Assour et de Babel étaient tombées en ruines, et que, d'un autre côté, les notions géographiques de l'Asie avaient acquis une précision d'ensemble sans précédent; à une pareille époque, dis-je, une division de territoire basée sur une méthode hydrographique a sa raison d'être et son utilité bien marquée, car elle fait embrasser d'un coup d'œil une grande portion de l'immense empire; mais, avant l'invasion grecque, lorsque les terres situées entre le Tigre et l'Euphrate étaient divisées en un nombre prodigieux de royaumes indépendants et très-imparfaitement connus; lorsque, faute d'investigation scientifique, la direction exacte des grands fleuves asiatiques était peu ou point connue, l'unité géographique si vaste de Mésopotamie a-t-elle existé? Il est permis d'en douter. Tout d'abord, quand on considère la description toute primitive des fleuves d'Eden donnée dans la Genèse, on reconnaît facilement combien l'hydrographie des pays en dehors de la Palestine était incomplète; est-il maintenant imaginable que, déjà à l'époque des patriarches, on ait assez bien connu en Palestine le cours supérieur du Tigre pour déterminer un ensemble géographique aussi vaste que la Mésopotamie? Du reste, un nom collectif pour la Mésopotamie n'existe ni dans les inscriptions assyriennes ni dans les documents des rois perses; pourquoi en serait-il autrement chez les Hébreux, qui devaient pourtant avoir emprunté le nom du pays à ses anciens possesseurs?

Mais, dira-t-on, en admettant qu'une dénomination collective de la Mésopotamie n'ait pas existé chez les Sémites, qui nous empêche de penser qu'Aram-naharaïm et Eber-hannâhâr étaient des territoires transeuphratiques? Cette expression, l'*Aramée entre deux fleuves,* ne pourrait-elle désigner le pays situé entre l'Euphrate et le Chaboras? C'est là, en effet, que se trouve la ville de Carrhæ, que l'opinion commune identifie avec la Ḥârân des patriarches. Nous touchons ici au vif de la question, et les lignes qui suivent ont pour but de circonscrire la discussion sur le terrain purement géographique. Dans les questions de ce genre, le premier pas vers la solution consiste à rapprocher et à comparer entre eux les passages des auteurs qui citent les noms géographiques. Dans le cas présent, les écrivains bibliques seront nos principaux guides; cependant la comparaison de leurs données avec les renseignements des géographes classiques nous sera d'un inappréciable secours; mais, je le répète, ce rapide aperçu est loin d'épuiser la matière, et je ne prétends qu'au seul mérite de l'initiative.

Commençons donc à examiner si les données de la Bible

permettent de considérer les noms géographiques *ʿEber-hannâhâr, Aram-naharaïm* et *Ḥârân* comme appartenant à la Mésopotamie; les arguments que voici semblent être de nature à faire pencher la balance en faveur d'une réponse négative.

Eber-hannâhâr. — 1° La supposition que l'Eber-hannâhâr des Hébreux était un pays transeuphratique est incompatible avec une indication formelle d'un passage important du premier livre des Rois (v, 4), où il est dit que l'empire de Salomon, s'étendant depuis le port de *Thapsacus* sur l'Euphrate jusqu'à la ville de Gaza, renfermait tous les royaumes d'*ʿEber-hannâhâr;* il s'ensuit forcément que l'Eber-hannâhâr se trouvait dans la Syrie propre et non pas dans la Mésopotamie.

2° Le récit des guerres de David dans la Syrie fait savoir que Hadadezer (Hadarezer), roi d'Aram-Soba, avait, sur sa demande, obtenu du secours des habitants d'*ʿEber-hannâhâr;* ici l'expression hébraïque אֲרָם אֲשֶׁר מֵעֵבֶר הַנָּהָר atteste nettement la position ciseuphratique du pays en question; s'il s'agissait d'un pays situé au delà du fleuve, il faudrait מֵעֵבֶר לַנהר, comme I Rois, xiv, 15; c'est là une règle générale et inviolable: en preuve les locutions מֵעֵבֶר לַיַּרְדֵּן מִזְרָחָה (Nombres, xxxii, 7) «au delà du Jourdain», en opposition avec le passage de Josué (xxii, 7 ketib); מֵעֵבֶר לַיָּם (Deut. xxx, 13) «au delà de la mer»; מֵעֵבֶר לְנַהֲרֵי כוש (Isaïe, xviii, 1; Saph. iii, 10) «au delà des fleuves de Kousch».

Aram-naharaïm. — L'interprétation de ce terme comme désignant un pays syrien paraît se justifier par les faits suivants:

1° Les Hébreux, à la première époque des juges, avaient subi pendant huit ans la domination tyrannique d'un roi d'Aram-naharaïm. On sait que le frère de Caleb les en a délivrés. Un roi de Mésopotamie ne pouvait occuper la Palestine si longtemps qu'à la condition d'avoir les dynastes syriens pour vassaux ou pour alliés. Dans l'un ou dans l'autre de ces cas, il aurait été trop puissant pour être vaincu par les Hébreux, dont la division en petites républiques indépendantes entravait le développement d'une forte organisation militaire; aussi sont-ils très-souvent subjugués par les Moabites et les autres peuplades des alentours, dont ils secouent le joug avec grand'-peine et après de longs intervalles de servitude. Le roi d'Aram-naharaïm, qui nous occupe, ne peut raisonnablement être qu'un des petits dynastes syriens gouvernant un territoire peu éloigné de la Palestine.

2° La vallée de *Pathor* פְּתֹר, patrie du fameux prophète Balaam, appartenait à la province d'Aram-naharaïm (Deut. XXIII, 5), et cependant nous apprenons, par l'expression אֲשֶׁר עַל הַנָּהָר (Nombres, XXII, 5), qu'elle était située sur la rive droite (syrienne) de l'Euphrate; car, s'il s'agissait de la rive opposée, l'auteur aurait certainement dit מֵעֵבֶר לַנָּהָר. Du reste, cette ville est probablement identique à Pathara, placée, d'après les tables de Ptolémée, sous 71° 30′ de longitude et 36° de latitude, c'est-à-dire à la hauteur de Berœa (Alep) et non loin de l'Euphrate.

3° Le même prophète araméen décrit son pays comme une contrée montagneuse (Nombres, XXIII, 7). Cette description, très-vraie si elle se rapporte à une province syrienne, ne convient pas du tout à la Mésopotamie. Cette région n'a de montagnes que dans le haut nord, qui forme la limite du monde sémitique.

La ville de Ḥârân se trouve d'abord en Aram-Naharaïm; mais on peut alléguer encore d'autres raisons en faveur de sa position syrienne :

1° La ville de Ḥârân est citée dans Ézéchiel, XXVII, 23, comme formant, avec les villes de *Reṣeph* רֶצֶף, de *Kanné* כַּנֵּה (=*Kalné* כַּלְנֵה) et d'*Eden* עֶדֶן, une riche association commerciale de Sabéens (רוֹכְלֵי שְׁבָא) entretenant des relations avec Tyr. Or les Sabéens ismaélites (puisqu'il ne s'agit certainement pas des Sabéens yoqtanides) avaient leurs campements dans la Syrie orientale, comme il résulte du récit de Job, I, 15; et qui plus est, la première de ces villes, *Reṣeph*, est depuis longtemps identifiée à la *Rhesapha* de Ptolémée (72° 15′-34° 45′). L'auteur grec cite encore *Cholle* (71° 45′-34° 30′), qui paraît répondre à *Calné;* peut-être même la ville qu'il rapporte immédiatement sous la forme de *Adada* (72° 20′-34° 15′) correspond-elle à l'Éden du prophète (en supposant que ΑΔΑΔΑ soit défiguré de ΑΔΑΝΑ). Toutes ces localités figurent dans la Palmyrène; par conséquent, la ville de Ḥârân ne doit pas être très-éloignée de cette région.

2° La distance qui sépare la ville de Ḥârân du mont Galaad pouvait être parcourue en sept jours, d'après l'indication formelle de Genèse, XXXI, 32; cet espace de temps est évidemment trop court pour atteindre seulement l'Euphrate sur cette route; à plus forte raison ne pourrait-on arriver au delà jusqu'à la ville de Carrhæ[1], sise au moins à une journée de marche du fleuve. On voit que cette mesure de chemin nous ramène, indépendamment de toute autre considération, à peu près à la même région géographique, c'est-à-dire à la Syrie centrale.

Nous venons d'exposer les arguments les plus saillants qui paraissent démontrer la position syrienne de chacun de ces trois noms géographiques pris à part; mais on comprend facilement qu'ils acquièrent un plus grand poids quand on les prend dans leur ensemble, car ils se soutiennent mutuellement, et, dès qu'on accorde cette position à l'un d'eux, on est presque forcé d'admettre la même position pour les deux autres. Donc, si notre argumentation était fondée, on devrait reconnaître que notre opinion, quoique contraire à l'opinion commune, est en parfait accord avec l'indication des légendes ci-

[1] Il sera peut-être bon de noter que la forme originelle du nom de Carrhæ est très-probablement קרחי ou קרחין; le talmud en fournit l'éthnique קרחינאה; il va sans dire que ce nom n'a rien de commun avec חרן.

liciennes, qu'elle est confirmée par le témoignage des livres d'Esdras et de Néhémie, et que les termes *ʿEber-hannâhâr* et *Aram-naharaïm* désignaient des provinces syriennes.

Cette hypothèse a, en outre, le grand avantage de faire comprendre le vrai sens des plus importants termes géographiques en usage chez les Sémites. Ces termes se rattachent étroitement au caractère physique des pays qu'ils désignent. La péninsule arabe se divise notoirement, au point de vue physique, en quatre régions principales : le *Tehama*, terre basse et riveraine de la mer; le *Djebâl*, terre montagneuse; puis vient le *Djaouf*, contrée creuse et aride; enfin le *Nedjd*, contrée légèrement rehaussée, formant une plaine ouverte en partie très-fertile. Le pays sémitique du nord présente à peu près le même aspect, et chaque région porte un nom en rapport avec son caractère physique. L'ordre en est identique : *Chanaan* כְּנַעַן «terre basse» (de כנע «baisser»), *Aram* אֲרָם «terre haute» (de רָם «être haut», l'aleph est prosthétique), *ʿAraba* עֲרָבָה «pays creux, enfoncé» (Jérémie, II, 6), et enfin *Aschour* אַשּׁוּר «pays droit» (de אשר «être droit, égal, uni»), ce qui est, en effet, le trait caractéristique de la Mésopotamie. Supposer qu'une partie quelconque de la Mésopotamie ait jamais porté le nom d'*Aram* serait contraire à toute analogie, car il contiendrait une contradiction flagrante entre le sens du mot et son application. Non, une confusion pareille est impossible; le nom sémitique de la Mésopotamie est bien *Aschour*, témoin la remarque de Genèse, II, 14, que le Tigre coule à l'est d'Aschour (הוּא הַהֹלֵךְ קִדְמַת אַשּׁוּר; comparez aussi Genèse, X, 11, et nous pouvons dire avec Pline, mais avec une légère nuance : *Mesopotamia tota Assyriorum fuit* (*Hist. nat.* VI, 26 [30]).

A partir d'une haute antiquité, les noms de ces pays ont été en quelque sorte personnifiés; car ils désignaient les nations qui les habitaient depuis longtemps. Il en a été de même du terme *ʿEber-hannâhâr,* dont la signification «le côté du fleuve» n'avait rien de déterminé, mais qui, à en juger d'après le livre des Rois, v, 4, était d'ordinaire employé pour indiquer la Syrie proprement dite. Cette acception géographique de l'expression *ʿEber-hannâhâr* s'est tellement fixée dans l'usage, que le déterminatif הַנָּהָר pouvait être supprimé sans créer une équivoque. Ainsi, nous trouvons *ʿEber* mis en opposition avec *Aschour* וְעִנּוּ אַשּׁוּר וְעִנּוּ עֵבֶר (Nombres, xxiv, 24) pour dire la Syrie et la Mésopotamie. Dans Genèse, x, 21, *Sem* est appelé «le père de tous les fils d'Eber» אֲבִי כָּל־בְּנֵי עֵבֶר, cela veut dire de toutes les populations de la Syrie propre; car l'auteur de cette généalogie tenait à cœur de montrer que la patrie d'Abraham était habitée par des Sémites pur sang, à l'opposé de la Palestine, dont les habitants appartenaient, d'après lui, à la race de Cham. Le nom géographique *ʿEber* a donné naissance au mot ethnique עִבְרִי, *ʿIbri* «Hébreu»; la formation en est, on ne peut plus régulière, tandis que, d'après les Septante, qui le prennent dans le sens de περάτης «celui qui traverse une rivière», la forme en devient irrégulière, car il faudrait עֹבֵר. Il est également inadmissible de traduire עִבְרִי par «celui d'au delà»; car le mot עֵבֶר, signifiant seulement «côté», n'implique pas l'idée d'éloignement. Ces difficultés sont tellement embarrassantes, que plusieurs commentateurs ont pris le parti de faire dériver le nom ethnique עִבְרִי du patriarche עֵבֶר, *ʿEber* (Genèse, xi, 24, 25), qui, disons-le en passant, ne joue aucun rôle dans le récit biblique; mais cette opinion tombe devant le passage que je viens de citer, dans lequel la paternité de tous les fils de *ʿEber* est attribuée à *Sem.* Eber ne peut donc être autre chose qu'un terme de géographie. Aussi voyons-nous que le terme אֲרַמִּי, *Arami* «Syrien», remplace occasionnellement l'épithète עִבְרִי «Hébreu» dans la célèbre profession de foi nationale (Deut. xxvi, 5). Le patriarche Abraham, ordinairement appelé *Hébreu*, est qualifié de Syrien.

Le terme *Arâm-naharaïm,* si l'on se tient strictement au sens littéral des mots, s'applique visiblement à un pays arrosé par deux cours d'eau intarissables. Que l'un de ces cours d'eau soit l'Euphrate, c'est ce qui ressort de la qualification presque synonyme *ʿEber-hannâhâr,* où le mot נָהָר, pourvu de l'article, se rapporte à ce fleuve. L'autre cours d'eau est plus difficile à découvrir. De prime abord on pense à l'Oronte, qui est le fleuve le plus considérable de la Syrie après l'Euphrate; mais l'Oronte n'est pas mentionné dans l'Écriture sainte; il paraît donc qu'il s'agit du fleuve de Damas, nommé אֲמָנָה *Amana* dans la Bible (II Rois, v, 12) et *Chrysorhoas* chez les géographes classiques. Ce fleuve sépare la Syrie de la Palestine, et tout voyageur qui, de la Syrie septentrionale se rend dans cette contrée, doit traverser le Chrysorhoas, s'il ne veut pas faire un long détour dans les contrées désertes à l'est des lacs; il est donc très-vraisemblable que le fleuve traversé par Jacob avant d'arriver à Galaad (Genèse, xxxi, 21) était le Chrysorhoas. On voit maintenant que, des deux termes géographiques *ʿEber-hannâhâr* et *Arâm-naharaïm,* le premier est le plus vague, puisqu'il peut s'appliquer à des pays transeuphratiques en dehors de la Syrie, tels que la Phénicie et la Palestine à l'époque des Achéménides. Au temps des patriarches, il s'étendait déjà à la Chaldée ciseuphratique, que les géographes classiques rangent dans l'Arabie Déserte. Pline (*Hist. nat.* VI, 143) mentionne, dans cette contrée, des Chaldéens nomades vivant de pillage, et ce renseignement est en parfait accord avec le récit de Job, i, 17; là se trouvait, suivant toute vraisemblance, *Our des Chaldéens* (Our Kasdim), le berceau d'Abraham.

Je suis arrivé au terme de l'investigation provoquée par les légendes de Tarse; je crois que les arguments exposés plus haut sont de nature à ébranler l'opinion commune, qui place le *ʿEber-hannâhâr* et l'*Arâm-naharaïm* des écrivains bibliques dans la Mésopotamie septentrionale. Il reste encore une lacune à combler, c'est la détermination du lieu géographique de Ḥârân; cette exigence est d'autant plus légitime que toutes les autres villes citées dans le passage d'Ézéchiel comme alliées de Ḥârân se retrouvent dans les tables de Ptolémée; pourquoi Ḥârân seule n'y figurerait-elle pas?

Nous avons montré plus haut que la ville de Ḥârân était située dans un territoire voisin de *Rhesapha* et à une distance d'environ sept journées de marche du mont Galaad. Cette dernière circonstance assigne à Ḥârân une position à l'ouest de *Rhesapha;* il reste donc à savoir si Ḥârân était placée près de l'Oronte ou plus à l'est au milieu des terres. Cependant si, d'un côté, il est certain que Ḥârân n'était pas voisine immédiate de l'Euphrate, il y a, d'un autre côté, des raisons très-fortes pour ne pas la placer sur la ligne de l'Oronte. Pour parvenir aux rives de l'Euphrate, le roi David, après avoir soumis la Damascène, entra en *Arâm-naharaïm* à travers אֲרָם צוֹבָה *Arâm-Ṣoba,* dont le roi Hadadezer fut battu et rendu tributaire. Un peu plus tard, le roi d'*Arâm-Ṣoba* s'allia avec Aram de *'Eber-hannâhâr* contre David et essuya une nouvelle défaite à חֵילָם *Ḥêlâm* (II Sam. x, 16, 17), ce qui entraîna la soumission du *'Eber-hannâhâr* entier. Sur la position du pays appelé *Arâm-Ṣoba* dans les écrits bibliques et que Josèphe appelle *Sophène,* on a émis les opinions les plus diverses; dans les derniers temps on s'est arrêté au territoire de *Chalcis ad Libanum,* aujourd'hui Andjar. Le nom hébreu צוֹבָה ou צֹבָא me semble être contracté de צְהוֹבָה «la jaune»; cette qualification fait allusion à l'airain qu'on extrayait de cette contrée et que les anciens appelaient *Chalcolibanus;* de là vient probablement aussi le nom *Chalcis,* qui se rapproche ainsi du nom sémitique *Ṣoba.* Le métal exploité dans le Liban trouva son débouché dans le port de *Berytus* (Bérout), ville qu'on peut identifier avec la בֵּרוֹתַי *Bérotaï* (ou בֵּרוֹתָה *Berota,* Ezéchiel, XLVII, 16) du second livre de Samuel (VIII, 8), dans laquelle ville David fit un riche butin d'airain. La justesse de cette identification est corroborée indirectement par la version copte, qui traduit *Chalcolibanus* par «Homt-en-Barot», cuivre de Bérout. Au nord d'Arâm-Ṣoba et s'appuyant sur l'Oronte, se trouvait le royaume (canaanéen? Genèse x, 18) de *Ḥamâth* חֲמָת (Épiphanie?), auquel appartenait la ville de Ribla, située au sud d'Émesse (la Ḥoms moderne) et connue aujourd'hui sous le même nom; c'est de Ribla que partait la grande route qui, en traversant la Syrie orientale, aboutissait à *Carcamis* כַּרְכְּמִישׁ, près de l'embouchure du Chaboras et en face de *Circesium*. Pour en revenir à la ville de Ḥârân, comme le territoire où elle était située porte toutes autres qualifications qu'*Arâm-Ṣoba* et *Ḥamâth*, il s'ensuit qu'elle doit être cherchée à l'est de ces royaumes, dans la Syrie centrale. Cette partie de la Syrie, moins haute, mais d'une grande fertilité, était divisée, à l'époque romaine, en divers districts, comme Chalcidique, Cyrrhestique, Chalybonitis, etc. Dans l'antiquité elle était appelée *Paddan Arâm* פַּדַּן־אֲרָם «la partie cultivée de la Syrie» (Genèse, XXV, 20) ou simplement שְׂדֵה אֲרָם «champs de la Syrie» (Hosée, XII, 13). Parmi les villes que Ptolémée cite dans ces parages, il y a un nom qui frappe par sa conformité avec Ḥârân, c'est le nom romain *Spelunca* (71° 40′ latitude nord et 35° 15′ latitude est); ces deux noms signifient l'un et l'autre «caverne, grotte, antre[1]». Aurions-nous ici un exemple de traduction de noms propres qu'on rencontre partout dans l'ancienne géographie? Je soulève cette question sans vouloir rien affirmer. Quoi qu'il en soit de cette conformité d'appellation, Ḥârân ne devait pas être loin de là. Cette position géographique satisfait à toutes les conditions que nos recherches précédentes ont dû poser : elle se trouve en Arâm-naharaïm

[1] Philon d'Alexandrie a déjà traduit חרן par Τρώγλαι.

et plus particulièrement dans Paddan-Arâm, mais ni trop près de l'Euphrate pour entrer dans l'Eber-hannâhâr, ni trop à l'ouest pour former une partie du royaume de Ḥamâth ou d'Arâm-Ṣôba; elle est assez voisine de Rhesapha pour figurer à côté d'elle dans l'énumération d'Ézéchiel, et enfin l'espace qui la sépare du mont Galaad peut être franchi dans sept jours de marche continue, ce qui était le cas dans la poursuite de Laban. La rivière traversée par Jacob avant d'atteindre ce mont était probablement le Chrysorhoas, près de Damas, où Abraham, en allant en Palestine, paraît avoir acheté son fidèle esclave Éliézer.

Quant à Our des Chaldéens (אוּר כַּשְׂדִּים), que l'opinion courante place au sud de la Mésopotamie, dans la Babylonie proprement dite, le fait que la Bible lui donne bien l'épithète de *ʿEber-hannâhâr,* mais jamais celle d'*Arâm-naharaïm,* permet de conclure que cette ville ou cette contrée se trouvait sur la rive droite (syrienne) de l'Euphrate, au sud-est de Thapsacus (la Bir moderne?), qui formait la limite de la Syrie sur l'Euphrate; Ptolémée connaît aussi une région chaldéenne dans l'Arabie Déserte de ces parages (As. t. quar. XIX; comp. Job, I, 17); mais il y a doute à identifier Our Kasdim avec les ruines de Mugheir, comme le supposent les assyriologues sur la foi d'une tablette. Quoi qu'il en soit, il est évident que la famille d'Abraham, qui avait quitté Our Kasdim avec l'intention de se rendre en Palestine (Genèse, II, 31), ne devait pas traverser l'Euphrate et toucher la ville de Carrhæ pendant sa marche : ç'aurait été un détour fatigant et inutile. La chose est beaucoup plus simple quand on reconnaît avec nous que Ḥârân n'était pas éloignée de Spelunca; elle se trouva alors sur la route qui, du port de Thapsacus et à travers des contrées cultivées de la Syrie orientale, se dirige vers la région damascène et aboutit au gué du Yabboq.

L'ensemble de ces recherches paraît établir que la patrie

d'Abraham, et par conséquent le berceau de la nation juive, était dans la Syrie propre. Ḥârân surtout était placée dans un milieu populeux et environnée de petits États où florissaient l'agriculture, l'industrie des métaux et le commerce; les routes étaient très-fréquentées et jouissaient d'une sécurité parfaite; il n'est donc pas étonnant qu'Éliézer, l'esclave d'Abraham, ait entrepris le voyage de Ḥârân sans crainte de se voir dépouiller des richesses qu'il apportait à la fiancée d'Isaac. Quelque temps après, la tendre Rébecca n'hésita pas un seul instant à y envoyer Jacob, son fils préféré, sans le faire accompagner par personne, tellement la route était sûre; le cas aurait été bien différent si Ḥârân était située dans la Mésopotamie.

Ce résultat permet aussi d'envisager les deux traditions juives relativement à l'origine du patriarche Abraham. La plus ancienne, celle de Palestine, représentée par Jésus, fils de Sirach, et par l'auteur du livre d'Énoch, ignorait les aventures d'Abraham auprès de Nimrod, roi de Babylone. Elle reconnaissait l'origine syrienne du patriarche et tendait à faire de lui un roi de Damas, alors la capitale de la Syrie entière. Cette tradition a été accueillie par Justin : «Judeis origo Damascena, Syriæ nobilissima civitas; unde et Assyriis regibus genus ex regina Semiramide fuit» (XXXVI, 2). Au contraire, il y a plus d'un indice qui fait penser que c'est à Alexandrie que s'est formée la légende d'après laquelle Nimrod, identifié avec Amraphel, roi de Schinʿar (Genèse, XIV), aurait jeté Abraham dans un four rempli de feu, afin d'éprouver son attachement au monothéisme. Cette légende, calquée sur le récit de Daniel et ses trois compagnons, doit son existence à un jeu de mots (נִמְרֹד «rebelle», אַמְרָפֶל = אָמַר הַפֵּל «il a ordonné de jeter», אור «feu»). Ces sortes de calembours étaient beaucoup en vogue à cette époque, et les auteurs de toutes les nations en usaient et abusaient pour expliquer les origines des peuples d'après leurs caprices et préjugés. Ainsi, par exemple, toutes les fables absurdes colportées à Alexandrie au sujet du culte et de l'exode des Juifs, notamment qu'ils adoraient l'âne et que, attaqués par une lèpre incurable, ils avaient été chassés d'Égypte par un roi qui voulait voir les dieux, ces contes ridicules, que plusieurs auteurs anciens et modernes ont eu la naïveté de prendre au sérieux, reposent visiblement sur une étymologie égyptienne donnée à trois mots hébreux très-usités parmi les Israélites et qui avaient frappé les Égyptiens. Le nom du dieu unique יהוה *Yahoua* a été rapproché de l'expression égyptienne *ia-oua* «un âne»; la lèpre, en égyptien *sabbathosis* (Josèphe, *Contra Ap.* II, 2), a été trouvée dans le sabbat juif; enfin la vision des dieux est fabriquée sur le nom national *Israël,* que les Juifs d'Alexandrie traduisaient à tort par «celui qui voit Dieu»; naturellement l'avantage de voir Dieu a été détourné en faveur du roi égyptien. Relativement à l'origine d'Abraham, il est intéressant de voir que Josèphe, ou plutôt son autorité, Nicolas de Damas, a fondu ensemble les deux légendes l'alexandrine et la palestinienne : d'un côté, il fait venir Abraham de la Babylonie; de l'autre côté, il fait d'Abraham un roi de la Damascène (*Ant.* I, 7). De ces deux légendes, celle de Palestine est très-ancienne, puisqu'elle est déjà connue d'Aristote (*Contra Ap.* I, 22); dans tous les cas, les preuves que je viens d'exposer en faveur de l'origine syrienne d'Abraham me paraissent l'emporter sur les quelques raisons alléguées pour soutenir l'opinion contraire, qui, en définitive, n'a pour elle qu'une tradition récente et très-suspecte.

§ 9. — L'INSCRIPTION DE NORA.

La meilleure copie de cette inscription se trouve dans le livre de M. le baron H. de Maltzan, intitulé : *Reise auf der Insel Sardinien*, p. 526-539.

Le texte est ainsi conçu :

בהרשש

נגדשהא

בשרדנש

למהאשל

מיבאמ

לכתנבנר

שבננגד

לפסי

Aux anciens essais d'interprétation que cette inscription a provoqués se joint, en dernier lieu, celui de M. de Maltzan, qui a été critiqué par Levy dans le quatrième fascicule de ses *Phönizische Studien*, p. 38, 39. Ce dernier épigraphiste en a discuté quelques lettres, mais il s'est abstenu de donner une traduction de l'ensemble. Je crois que la transcription précédente est paléographiquement exacte, et que l'interprétation du texte ne donne lieu à aucune difficulté sérieuse, dès qu'on porte quelque soin à la coupure des mots.

Voici comment on peut lire cette inscription :

בֵּת רש ש־

נגד שהָא

בשרדן שָׁל־

לם הא של־

ם יָבֹא מ־

לכתן בן ר־

ש בן נגד

לפסי

Monument de Rousch (fils) de Nagid, qui demeure à Sardon. Il a été (un homme) paisible; qu'il entre en paix! Melkiton, fils de Rousch, fils de Nagid de Lipis.

בת «maison» désigne le tombeau, qui est la maison éternelle (בת עלם) du mort.

רש = ראש «tête» est aussi un nom d'homme chez les Hébreux (Genèse, XLVI, 21).

שנגד. On voit par la ligne 7 que Rousch était le fils de Nagid; je ne crois cependant pas qu'il faille corriger שנגד en בן נגד. Je pense que notre שנגד est une imitation d'une forme grecque Ναγίδου, ce qui n'est pas étonnant pour une époque aussi récente que celle de notre monument. C'est à la même influence grecque qu'il faut attribuer la fréquente omission du mot בן «fils» dans les inscriptions de Palmyre [1].

שהא בשרדן «demeurant à Sardon», mot à mot «qui est à Sardon». שרדן était probablement le nom phénicien de Nora, et s'est ensuite étendu sur l'île entière.

שלם הא שלם יבא, mot à mot «paix lui, en paix il entrera», locution très-usitée en hébreu; שלם יבא porte une physionomie éminemment funéraire, comme le יָבֹא שָׁלֹם d'Is. LVII, 2.

מלכתן pour מלכיתן «Melkiyaton, Melk(qart) a donné».

לפסי «de Lipis», le yod forme l'ethnique de לפס; cette localité me paraît répondre à Turris Libysonis de Pline, car, en général, l'épithète *turris* s'applique à une ancienne fondation phénicienne [2].

Ajoutons ici quelques observations sur deux autres textes phéniciens :

1. (Inscr. trilingue de Sardaigne.) Le mot מארח = מְאַרֵּח (= héb. מְאָרֵחַ), transcrit Μήρρη en grec et Merre en latin, dérive de ארח, recevoir un hôte, et a le sens de «hospitalier». Le groupe si controversé שחסנם se compose, à mon avis, de

[1] Vogüé, *Syrie centrale*, n° 3, etc.

[2] Cette intéressante observation m'a été communiquée par M. Maury.

la particule ש, employée dans le sens de la préposition latine «de», et du participe présent, au pluriel חֹסְנִם = l'hébreu חֹזְקִים. Pour la forme, le חסנ phénicien se rapproche de l'orthographe palmyrénienne חזנ (Vogüé, *Syrie centrale*, p. 82, etc.); la permutation de ז en ס a été constatée dans le mot סכר (Première inscr. d'Oum el-ʿAwamid), qui répond à l'hébreu זֵכֶר. Le verbe חזק signifie, au qal, tenir ensemble des choses détachées (Ézéchiel, xxx, 21); le participe חֹזֵק = חֹסֵק désigne ici l'homme qui surveille les travailleurs et dirige les travaux. La phrase שחֹסְנִם אש בְּמַמְלַחַת veut donc dire mot à mot «de ceux qui dirigent ceux qui sont dans la saline», c'est-à-dire un des directeurs de la saline.

2. (Inscription d'Abydos en Égypte.) Ce texte doit s'entendre ainsi qu'il suit :

אנך פעל אֲבִמַת בן צדיתן בן גדצד הצרי ישב עכי

בא (נ sic) למצרם בִּפְטֹרַת בדמ (נ sic) לקרת הַנָ(גִד?)·

Moi, l'ouvrier (nommé) Abimat, fils de Sedyaton, fils de Gadsed, le Tyrien, habitant d'Akké (Saint-Jean-d'Acre), j'arrive en Égypte au moment du départ du pr[ince] Bodmelquert.

Le אֲבִמַת répond au אֲבִיעָם des Hébreux, qui signifie «père du peuple»; pour le mot מַת, voyez plus haut, p. 23.

L'auteur de l'inscription a mis deux fois נ au lieu de ל; c'est plutôt un défaut d'organe que d'orthographe[1].

Le mot פטרת s'accorde avec l'expression rabbinique פְּטִירָה «congé, permission de partir», puis «départ, mort».

§ 10. — LES INSCRIPTIONS D'IPSAMBOUL.

Un des colosses voisins du temple égyptien d'Ipsamboul (Abousimbel), en Nubie, porte une inscription grecque pro-

[1] Nous lirions de même dans la seconde Maltaise : קָבֶר לְפָעַל נְקִיַּב כִּלִּתִי «tombeau pour l'ouvrier Neqiab (de נקי et אב); je l'ai terminé, etc.»

venant des mercenaires qui ont suivi Psammétique[1] dans sa poursuite des soldats égyptiens réfugiés dans le territoire de Méroé, environ 650 avant J. C. A côté de l'inscription grecque se trouvent plusieurs lignes en écriture phénicienne, qui semblent provenir également des soldats phéniciens enrôlés dans l'armée de Psammétique. Si cette provenance était prouvée, on aurait dans ces inscriptions un document phénicien de la moitié du VIIe siècle avant notre ère et un point de départ certain pour la paléographie sémitique. Cette considération donne à ces inscriptions une importance de premier ordre; aussi les tentatives d'interprétation n'ont-elles pas manqué de se produire. Il faut cependant reconnaître que l'étude la plus récente, consacrée à ce sujet par M. Blau, n'était pas faite pour encourager ceux qui admettaient l'antiquité du document phénicien. M. Blau y trouve non-seulement un récit de victoire, mais le nom même de Psammétique; malheureusement, il n'obtient ce résultat que grâce à des combinaisons plus ingénieuses que naturelles, et la langue qu'il crée n'a presque rien de commun avec celle des autres monuments connus. Il lit :

a.

כא ית עבד פתח בן יתר אש מאחד לצ[ב]א חמס

בתחי העבר אש

b.

גר הכל במחלם

אש עלש כשר הלחמה

כשיבם עבד פעם

אש עלש הכשר לחמה

גר הכל במחלם כנעזר לחר השו

a. Hier anwesend opferte Petah b. Ieter, welcher war im Gefolge des damals (?) vorüberziehenden Heeres des Psammetich.

[1] Hér. II, 28, 30; Pline, VI, 35; Diod. I, 67.

b. Bei ihrer Rückkehr opferte er abermals
frohlockend über den glücklichen Verlauf seiner Heerfahrt;
Er besuchte den Tempel im Siegesreigen; denn es gelang ihm zu entgehen dem Verderben.

Les hébraïsants me dispenseront, je l'espère, de faire la critique de cette traduction, qui pullule d'impossibilités linguistiques.

M. Levy a renoncé à expliquer l'inscription *b;* quant au texte *a,* il le transcrit de la manière suivante :

כאית עבדפתח בן יתר אש מאחדלא אחמזי

בח חי ה(עב) פאש?

Hier war Abdptah (oder : hier betete an Ptah) Sohn Ieter's, ein Bürger aus M..... — Ahmesi, Tochter Hai's des.....

Cette traduction, quoique plus justifiable au point de vue linguistique, est encore remplie de difficultés insurmontables. Levy hésite entre la leçon כאית « ici » et כא יתעבד « ici a adoré ». dans le premier cas, il se produit une forme כאית, inusitée dans les autres langues sémitiques. Dans le second cas, il faut attribuer au verbe יתעבד (= héb. הִתְעַבֵּד) la signification de « adorer », également inconnue dans ces langues. Outre ces considérations, on est étonné de voir l'inscription se terminer par le nom d'une femme, אחמס ou אחמזי (Levy hésite entre ces deux leçons), dont la forme conviendrait mieux à un homme.

Je crois donc qu'il ne sera pas superflu de faire une nouvelle tentative pour diminuer l'obscurité de ces textes. Voici comment je proposerai tout d'abord de les lire :

a.

כא יֵתֶ עבדפתח בן יתר אִש מצדלא אֲחִ מס־

סבתחי הָעֵרְף אִש

b 2.	*b* 1.
כשי בן עבדפעם	גרהכ[ל ב]ן חלם
אִשׁ עַל שְׂ[דֵ]ה כֻשׁ בִּלְחֲמֵה	אש על שדֵ כש בלחמה
גרהכל בן חלם עבד לְחֻר הַשָּׂר	

Quelques mots suffiront pour motiver les changements que j'ai introduits dans la transcription :

a. Je prends le signe qui suit le premier מ comme représentant un צ, et non pas les lettres את, ce qu'il me paraît difficile d'admettre; le trait vertical à droite est un peu court, mais cela n'a pas une grande importance. Le ע de l'avant-dernier mot n'est pas tout à fait sûr, étant ouvert du côté droit.

b. La première ligne de *b* 1 répond au commencement de la troisième ligne de *b* 2, qui est mieux conservé. Par contre, la deuxième ligne de *b* 1 est plus exacte que la deuxième ligne de *b* 2, où un ד fut oublié par le graveur, qui a, en revanche, ajouté un ה dans le troisième mot. Cette circonstance est restée inaperçue de mes devanciers et les a empêchés de bien séparer les mots.

Nous pouvons maintenant donner la traduction des inscriptions, qui n'offre aucune difficulté.

a.

Ici est venu ʿAbd-Ptaḥ, fils de Yeter, homme de Mezetule(?), frère de Masibathaï, le bourreau(?).

b 2.

Kouschaï, fils de ʿAbd-Pouʿm
qui (se trouvait) sur la plaine d'Éthiopie, en guerroyant.
Ger-hêkal, fils de Ḥêlem, serviteur du général Ḥour.

b 1.

Ger-hêk[al fi]ls de Ḥêlem
qui (se trouvait) sur la plaine d'Éthiopie, en guerroyant.

INSCRIPTION *A*.

כא יַתֶ, en hébreu כה יְאֶתֶה (ou יַתֶה) «ici est venu plusieurs fois»; יַתֶ est l'imparfait de אתה ou אתא «venir», l'aleph est élidé, comme dans וַיֵּתֵא רָאשֵׁי עָם (Deutéronome, XXXIII, 21). Comparez la locution araméenne וכדי אתי לכא....... זבנן סגיאן (Palm. XV, 4 et 5 [1]).

עבדפתח. Ce nom signifie «serviteur de Ptaḥ»; le dieu Ptaḥ est une des divinités communes aux Égyptiens et aux Phéniciens.

מצדלא rappelle la ville de Mezetula, en Afrique; cependant la lecture de ce mot n'est pas certaine.

Le nom מסבתתי est formé comme מסיבתענר(ב?); le premier composant מסיבת est d'origine carthaginoise. Les Libyens le prononçaient מצוה; de là, la transcription latine *Massiva* [2].

הָעֹרֵף אִשׁ. Le verbe ערף signifie en hébreu «couper le cou à un animal»; ici le déterminatif אִשׁ rend hors de doute qu'il s'agit d'un décolleur d'hommes, d'un bourreau. La fonction du bourreau était honorable dans l'antiquité; les rabbins expliquent l'expression hébraïque שר טבחים par רַב קְטוֹלַיָא «chef des bourreaux». Il va sans dire que la leçon הערף découle de l'hypothèse que le ע se trouve sur le monument; autrement, on pourrait lire הָרֹפֵא אש «le médecin qui...», et l'on devra supposer une lacune à la fin de cette inscription.

INSCRIPTION *B*.

כֻשִׁי, nom propre formé comme חושי (II Sam. XV, 32).

עבדפעם «serviteur de Poum». Je lis le nom divin פֻּעַם, dont la forme secondaire פֻּעְמִי, ou, avec l'élision du ע, פמי, entre dans la composition du nom propre פמייתן ou פמיתן «Poumayaton», que les Grecs ont transformé en Πύματος. Hésychius

[1] Voyez § 12.

[2] Voir mon *Essai d'épigraphie libyque*, *Journal asiatique*, février-mars 1874, p. 104.

rend פַּעְמֵי par Πυγμαίων et l'identifie à Adonis, qui était surtout adoré dans l'île de Chypre, Πυγμαίων ὁ Ἄδωνις παρὰ Κυπρίοις.

אש על שְׂ[דֵ]ה כֻּשׁ, à suppléer le verbe כן après le relatif, « celui qui était sur la plaine de Kousch ou d'Éthiopie ». שְׂדֵה כֻּשׁ est conforme à שְׂדֵה מוֹאָב (Ruth, I, 6) et שְׂדֵה אֲרָם (Hosée, XII, 13).

בִּלְחֲמֵה. En hébreu, on dirait בְּהִלָּחֲמוֹ; l'élision du ה, déjà usitée en langue hébraïque (par exemple בִּכָּשְׁלוֹ, Prov. XXIV, 17), est d'autant plus facile en phénicien, où les lettres gutturales semblent presque avoir perdu leur aspiration. J'ai ponctué le suffixe avec *ê* au lieu de l'*ô* hébreu; en ceci la prononciation des Phéniciens se rapprochait de l'araméen. Il est remarquable que le ה fonctionne ici comme *mater lectionis* dans שדה et בלחמה; c'est conforme à l'usage hébreu et moabite; les autres textes phéniciens emploient plutôt la lettre א, comme dans מקנא, מטא, מטוא, etc.

גֵּרהֵכָל, composé comme גרעשתרת, ce qui rend vraisemblable que le terme הֵכָל représente un nom de dieu. Ce sentiment peut encore s'appuyer sur l'existence d'un dieu, Αἴχαλας, dans une inscription grecque du Haouran, forme que M. de Vogüé a déjà rapprochée de l'arabe هَيْكَل « être grand, élevé » (*Syrie centrale*, p. 109).

חֵלֶם se trouve aussi chez les Hébreux. Si le signe suivant était un ש, et non pas un griffonnage insignifiant, le nom propre serait à lire חֲלָמִשׁ, qui a le sens de « rocher ». Dans ce cas, il faudrait supposer l'omission du ש à la fin de *b* 1, peut-être faute de place.

חֻר est aussi usité en hébreu; un contemporain de Moïse portait ce nom.

חשר. La dernière lettre ressemble à un ו dans le fac-simile publié par M. Blau; le fac-simile de Levy montre deux crochets très-rapprochés, qui semblent provenir de la tête du ר,

ouvert par un éclat de pierre. שר désigne principalement « un chef d'armée ».

L'inscription *b* 1 ne contient aucun mot nouveau.

Pour compléter la série des textes gravés sur le colosse d'Ipsamboul, je placerai ci-après l'inscription cotée C dans le mémoire de M. Blau. Ce savant lit :

עבד סלן בן פתיח כאש עוז

Es offerte Sillon b. Pethiach, weil er glücklich davon Kam.

Ne pouvant pas adopter l'explication de M. Blau, je me permettrai de proposer une autre lecture :

עבדסלן (עבדאלן ou) בן פתיחו אש.....

ʿAbd-Sallon (ou ʿAbdalon), fils de Petiḥou, qui (ou homme)...

Le composant סלן est peut-être la forme complète de l'hébreu סַלּוּ; toutefois la première lettre peut être altérée d'un aleph primitif; dans ce cas, nous aurions le nom *Abdalon*, dont la forme classique *Abdalonymus* ne diffère que par la terminaison du pluriel עבדאלנם « serviteur des dieux ».

פתיחו, nom formé comme יְרִיחוֹ ou יְרֵחוֹ.

Les inscriptions d'Ipsamboul, si notre lecture est exacte, nous offrent un spécimen de l'écriture populaire phénicienne, telle qu'elle était en usage dans les colonies africaines vers la moitié du VIIᵉ siècle avant l'ère chrétienne. Aucun document phénicien de la mère patrie asiatique ne remonte aussi haut, à l'exception peut-être de quelques pierres gravées. Mais ce qui rehausse davantage la valeur paléographique de ces documents, c'est que, à l'opposé de toutes les autres inscriptions phéniciennes connues, ils font usage du ה quiescent à la fin des mots pour indiquer la voyelle *e*. Cet usage est conforme à celui des Hébreux et des Moabites, tandis que les Phéniciens postérieurs employaient l'aleph dans le même but. Comme d'ailleurs le son guttural du ה est devenu en grec aussi la marque de la voyelle *e*, on peut en conclure que l'emploi du ה comme *mater lectionis* est plus ancien et plus conforme à la phonétique des langues sémitiques.

§ 11. — LA DEUXIÈME INSCRIPTION DE SULCIS.

Cette inscription est le texte le plus long découvert dans l'île de Sardaigne. M. de Maltzan en a donné une nouvelle copie dans son ouvrage intitulé : *Reise auf der Insel Sardinien*, où se trouve aussi l'explication détaillée du texte (p. 554-568). Il lit :

לבלת שוחד הציש
בעלת המאא אש פה לפא-
א גדרא תם אשמן בן ג
לון לאולא תם בעלא
וארנא חמן למתן בחן
ומתן רץ צלחת מלא

Ce qu'il traduisit :

Der Herrin des Gelübdes, Isis,
Der Göttin de Sonne (dies Denkmal) welches hier im Winkel
Der Mauer vollendete Esmun, Sohn des
Golon, zum Opfer vollendete er es der Göttin
Und seinem Herrn Chamon, als Gabe in Gnaden
Und als Gabe für die Gunst der Erfüllung (des Gelübdes).

L'impossibilité de cette explication a été relevée par Levy (*Phön. St.* IV, p. 42, 43), qui a surtout insisté sur la nécessité de changer la lecture de plusieurs caractères, dont la valeur est connue par d'autres monuments. C'est ainsi qu'il est parvenu à lire la cinquième ligne : לכן לא ולאשם בענא. Pour le reste de l'inscription, il s'est abstenu de toute tentative, et il termine ses observations avec ces mots : « Ieder weitere Schritt in der Entzifferung wird ein gewagter sein, bis, wie gesagt, eine mehr gesicherte Copie uns vorliegt. Es wäre um die Wissenschaft des phönizischen Alterthums Schade, wenn dies allzu lange auf sich warten liesse. Hoffen wir dass die Commission des *Corpus inscriptionum semiticarum*, in Paris recht bald auch diesen Wunsch realisiren werde. »

Je ne me dissimule pas tout ce qu'il y a de chanceux dans une tentative de déchiffrement dans laquelle a échoué la longue expérience du savant épigraphiste de Breslau, et, si j'ose en présenter une, c'est que, à mon avis, la copie de M. de Maltzan mérite une confiance complète. Il faut seulement se rendre compte de certaines particularités de l'écriture phénico-sarde. Comme toute écriture de transition, elle emploie en même temps des formes propres au phénicien et au néopunique de diverses époques et localités. Certains caractères se sont pourtant fixés dans l'une de ces formes exclusivement. Ainsi, par exemple, le ח a un air archaïque, tandis que le ה ressemble à celui de l'inscription de Tripolis, en Afrique. Une autre particularité n'est pas moins remarquable, c'est l'habitude de placer le trait vertical du מ à droite au lieu de le placer à gauche, ce qui le fait facilement confondre avec צ. Toutefois ces observations à elles seules seraient impuissantes à établir la lecture de ce texte sans le secours du critérium philologique, qui ne permet pas de s'arrêter aux alternatives qui impliqueraient des incorrections linguistiques. Notre déchiffrement est le résultat de ces diverses combinaisons.

Je transcris :

לבלכש בהרה אשת
בעל כה שמא את כהל בא־
א ברכא תם את מזבח
לכן לא ולאשם בענא

ואבן אחזת לסכר בהת

ומכרע ממלחת שלא

(Fait) par Bilaks Bahira, femme de Ba'al, parce qu'il a exaucé toutes ses prières; qu'il la bénisse. Elle a exécuté cet autel pour son salut et pour celui de son fils Ischam. (Elle) a aussi (érigé) cette pierre pour la mémoire de Babat et Makra, ses nobles maîtres.

בלכש, nom de femme qui se trouve dans B., 24, 1.

בחרה, forme peu différente de בחרת.

כה שמא את כהל באא, orthographe néopunique et inexacte de la formule phénicienne כ שמע אית כל בעא «parce qu'il a exaucé toute sa prière»; le nom du dieu Ba'al est sous-entendu; cela se rencontre aussi dans d'autres inscriptions; ici le nom d'homme בעל, qui précède la formule, a probablement favorisé l'omission du nom divin. Il est à remarquer que la lettre ה fonctionne comme *mater lectionis* dans les mots כה et כהל; les textes néopuniques écrivent d'ordinaire כע et כעל; on prononçait ces mots *ki* et *kil*, comme l'atteste la transcription du Pœnulus *chy, chil*. Le terme באא = בעה répond à une forme hébraïque בְּעָה ou בְּעַ de la racine בעה «prier, exiger, demander». Il me paraît même que le mot בעת, qui se trouve au commencement des tarifs sacerdotaux de Marseille et de Carthage, dérive de la même racine, de sorte que l'expression בְּעַת המשאתת signifie «redevance des offrandes».

תם את מזבח «elle a terminé l'autel». תם est pour le féminin תמא; on trouve de même souvent נדר pour נדרא. L'article manque dans מזבח, quoiqu'il soit pris dans un sens très-déterminé, «cet autel»; des cas analogues se présentent aussi dans d'autres textes, par exemple dans la première inscription d'Oum el-'Awâmid, où on lit לפעלת בת pour בת ז. Le ח de מזבח diffère des autres ח de l'inscription, qui ont une forme ancienne.

לכן לא ולאשם בענא «afin qu'il soit pour elle et pour son fils

Ischam», c'est-à-dire «pour son salut et pour celui de son fils Ischam». לא est pour לה. Le nom אשם revient souvent dans les inscriptions néopuniques; il paraît avoir une origine libyque et être identique au צם des textes numidiques[1].

ואבן אהזת «et cette pierre». Le démonstratif אז s'écrit en néopunique האז et האיז; notre forme est nouvelle.

סכר est la forme phénicienne correspondant au זֵכֶר des Hébreux (1re inscr. d'Oum el-ʿAwâmid).

בחת, nom d'homme néopunique, qui figure dans une inscription latine d'Afrique sous la forme de *Bahat(us)*. Dans les textes libyques, il est écrit בת. Le nom de femme מכרע est aussi d'origine libyque.

ממלחת שלא «ses nobles maîtres». ממלחת est pour ממלכת, mot qui revient dans l'inscription d'Eschmounazar comme l'opposé de אדם מהמת «homme de la plèbe». Une confusion entre ה et כ a aussi lieu dans הנכת pour הנחת.

§ 12. — LA XCVe PALMYRÉNIENNE[2].

Cette inscription est gravée sur une pierre d'autel, trouvée dans le cimetière musulman de Palmyre. M. de Vogüé la transcrit de la manière suivante :

לדוא די עינא בריכתא עב(דת)
באסם לוטן תרתן בולנא בר(ת)
עזיזו בר עזיזו בר שאילא די
אשלמת על ידיה

En l'honneur de la fontaine bénie!

Consacré par Bolana, fille d'Azizou, fils d'Azizou, fils de Seeila, purifiée de deux malédictions.

Accompli de sa main.

[1] Voir mes *Études berbères*, 1re partie, *Journ. as.* février-mars 1874, p. 106.

[2] Vogüé, *Syrie centrale*, p. 65.

A propos de la fontaine mentionnée dans cette inscription, M. de Vogüé fournit un renseignement fort important, qu'il sera utile de transcrire en partie : « La fontaine bénie est sans doute celle qui est nommée Ἔφκα dans une inscription grecque (*I. G.* 4502), et qui est à l'entrée de la ville; elle est sulfureuse, et, sans doute, recevait un culte à cause de ses vertus médicinales. Elle avait un curateur, ἐπιμελητής, ainsi que nous l'apprend la même inscription, et cette charge impliquait quelque fonction sacrée, car le titulaire se dit choisi par le dieu Jarhibol. »

Bien que l'identification de la fontaine bénie de notre document avec l'Ephca[1] des Grecs me paraisse hors de doute, j'hésite pourtant à admettre que cette fontaine ait été l'objet d'un culte à Palmyre : un semblable culte ne se rencontre nulle part chez les Sémites. Si, au rapport de Zosime (*Histor.* I, 58), cité par M. de Vogüé, les Palmyréniens consultèrent la source Aphaca (=Ephca) avant leur guerre avec les Romains, l'oracle n'était probablement pas censé venir de la source même, ni d'une nymphe qui y résidât, mais du dieu Jarḥibol, ירחבול « Lune-maître », c'est-à-dire Lunus, dans le ressort duquel se trouvaient les fontaines et les bassins d'eau, et cela peut-être moins par cette spéculation un peu abstruse, que la lune est « un principe humide », mais par cette observation toute naturelle que le phénomène de croissance et de décroissance périodiques est commun à la lune et aux bassins d'eau. L'assimilation entre tout à fait dans les habitudes des Sémites, et l'auteur du Cantique a déjà employé l'image du « bassin de la lune » (אַגַּן הַסַּהַר, VII, 3) dans sa description de la bien-aimée. Cette réflexion rend probable que notre monument était également consacré au dieu tutélaire de la source bénie, et non pas à la source elle-même; un examen attentif de

[1] Le mot Ephca, ou Aphaca, représente la forme sémitique אֲפִיק « ruisseau, source » ; de là le nom de ville אֲפֵק, près du Liban.

notre texte confirme ce sentiment et nécessite certaines modifications dans l'interprétation des termes les plus difficiles.

Voilà comment nous proposons de lire et de traduire cette inscription :

לדוא די עינא בריכתא עב(דת)

באסקלוטן תרתן בולנא בר(ת)

עזיזו בר עזיזו בר:שאילא די

אשלמת על ידוה

Au Maître de la fontaine bénie. (Ceci a été) fait, avec deux attisoirs, par Bolana, fille d'Azizou, fils d'Azizou, fils de Scheila, qui a été guérie par lui.

Les remarques qui suivent expliqueront les mots les plus importants de notre texte.

לדוא. M. de Vogüé met le mot דוא en connexion avec le verbe ודא «rendre grâce, louer», et obtient ainsi un substantif «objet de louange, honneur». Cette étymologie, déjà un peu forcée, rencontre un obstacle sérieux dans le ו qui suit le ד et qui doit être radical. Je considère דוא comme l'état emphatique de דו, correspondant au ذو arabe et signifiant «maître, propriétaire». On sait combien les composés avec דו sont fréquents dans les dialectes de la Palmyrène et de la Nabatène : דו־עפצו, דו־חלצת, דו־שרא, etc.; d'un autre côté, la signification de plusieurs termes de ces dialectes prend souvent une tournure arabe : les exemples abondent dans l'ouvrage de M. de Vogüé. Le maître de la fontaine bénie est précisément le dieu Jorḥibal, une des grandes divinités de Palmyre.

Le groupe de huit lettres, au commencement de la seconde ligne, est décomposé par M. de Vogüé en deux mots : באסם לוטן; le mot אסם serait l'équivalent de l'hébreu אָשָׁם «faute» et «sacrifice expiatoire», le second terme לוטן serait à ponctuer לְוָטָן «malédictions, maléfices», et ces deux mots ensemble signifieraient ainsi : «purifiée de deux malédictions ou de deux maladies ». Les difficultés de cette interprétation n'ont pas échappé à M. de Vogüé, aussi ne l'a-t-il donnée que faute de mieux. Je pense qu'on peut sortir de cet embarras en prenant la quatrième lettre pour un ק au lieu d'un ט, et en formant du groupe entier le mot באסקלוטן. Le ב initial signifie « avec, ensemble avec », et le substantif אסקלוטן transcrit le terme grec σκάλευθρον, qui désigne un instrument pour tisonner, pour remuer le feu. En faisant bâtir l'autel, la donatrice a aussi fait faire deux attisoirs de métal pour remuer le feu sacré et pour arranger les tisons à demi allumés. Notre texte jette pour la première fois du jour sur l'expression phénicienne מזבח אז וארום אשנם figurant dans la xxxviiie inscription de Citium, ligne 2-3, et signifiant « cet autel et deux ארום ». Le sens du mot ארום est resté obscur jusqu'à présent; le parallèle du ארום אשנם avec notre אסקלוטן תרתן conduit à penser que sous ארום il faut aussi entendre un instrument pour remuer le feu, un attisoir, et, en effet, la racine ארו, qui se trouve à l'égard de l'hébreu ארה (ארי) comme la forme moabite ענו en face de l'hébreu ענה (ענו), signifie « arracher, sarcler », ce qui est aussi la signification primitive du verbe grec σκαλεύω, dont dérive le substantif σκάλευθρον.

בולנא, apocope de בולענא, « Bol (Baʿal) a répondu, exaucé », nom d'homme et de femme à la fois.

שאילא répond au nom hébreu שָׁאוּל « demandé ».

די אשלמת על ידוה « qui a été guérie par lui », c'est-à-dire par le dieu tutélaire ou maître דוא de la source. Comme on le voit, la forme masculine ידוה, qui figure dans le texte, est exacte et ne nécessite pas le changement ידיה, supposé par M. de Vogüé. Le verbe אשלם, comme أسلم en arabe, signifie « salutem, pacem et incolumitatem ingressus est »; c'est dans cette acception qu'il est employé dans le Targum de Job, ix, 4[1] : מַן אַקְשֵׁי לְוָתֵיה וְאַשְׁלִים.

[1] Cet article, ainsi que la plupart de ceux compris dans ces *Mélanges*, a été

A la fin de cet article, qu'il me soit permis d'ajouter quelques courtes observations sur d'autres termes difficiles qui figurent dans les inscriptions araméennes publiées dans le grand ouvrage de M. de Vogüé.

1. (Palmyr. I, l. 4, p. 5.) M. de Vogüé a laissé l'avant-dernier mot sans explication : la copie est pourtant très-distincte, elle porte בסלמבו. En faisant abstraction du ב initial, qui signifie «dans», on obtient la forme סלמבו, qui rappelle aussitôt le Σαλαμβώ des auteurs, qu'Hésychius déclare être le nom d'Aphrodité chez les Babyloniens. La locution בסלמבו כלה paraît donc signifier «en tout amour, avec un zèle sympathique», ce qui est rendu en grec prosaïquement par παντὶ τρόπῳ. L'apparition de Salambo dans notre texte et sous la même forme que chez Hésychius rend impossible l'identification avec Sala-ummu (Sala-mère, épouse de Bin), proposée par M. Fr. Lenormant (*Commentaire de Bérose*, p. 95).

2. Le texte offre un nom propre אמרשא (Palmyr. II, l. 2, p. 6); formé comme אלהשא, תימשא; mais, comme la version grecque porte Ἀμρισάμσου, M. de Vogüé a pensé qu'il fallait corriger אמרשא en אמרשמשא. Je crois que la leçon de notre texte est exacte et démontre que שא était synonyme de שמשא «soleil»; ceci confirme le témoignage d'Hésychius, suivant

communiqué à l'Académie des inscriptions et belles-lettres vers le commencement de 1872 (je n'ai pas sous la main les Comptes rendus de l'Académie); je suis donc heureux d'apprendre, par le nouveau travail de M. Praetorius (*Beiträge zur Erklärung himj. Inschriften*, 3es Heft), que M. Ewald a déjà avant moi pris le verbe אשלם dans le sens de «guérir». Les objections de MM. Nöldeke et Praetorius ne peuvent pas prévaloir sur le témoignage de la version chaldaïque que j'ai citée. Naturellement le suffixe masculin de ידוה se rapporte à דוא, qui représente l'état emphatique de דו «maître, propriétaire», car l'assimilation de דוא avec le syriaque דֵיוָא «démon», proposée par M. Praetorius, est inadmissible, par cette raison que les daevas des Perses sont toujours des génies malfaisants, tandis que, dans notre document, il s'agit d'une guérison. M. Praetorius n'est pas plus heureux dans son interprétation du groupe commençant ligne 2, qu'il lit באס מלותן «zur Heilung von zwei Verwünschungen,» où אס remplacerait אסו, et le ב serait «eine Art von ב pretii»! (Note de 1874.)

lequel le soleil se nommait, chez les Babyloniens, Saos, Σαώς, ἥλιος, Βαϐυλώνιοι. De nombreux indices nous font penser que les Babyloniens des auteurs grecs ne sont autres que les peuplades araméennes de la Syrie orientale qui parlaient un dialecte à peu près identique à celui de Palmyre.

3. Le nom propre בונא (Palmyr. III, p. 7) Βωννέης semble être contracté de בוהנא «doigt»; הֹן est aussi un nom hébreu.

M. de Vogüé lit ואקם חר(מן) למלכבל «et accomplit des consécrations à Malakbel, etc.» La copie montre une lettre effacée avant חר(מן); il faut probablement lire ואקם (מ)חר(מן) למלכבל «et éleva des chapelles à Malakbel, etc.» Le mot מחרמתא se trouve dans la 2e inscription de Pouzzoles[1].

4. Le mot נור (Palmyr. VI, p. 12) est pour נאור «dommage, préjudice», de נאר, usité en hébreu au piel. נֵאֵר avec le sens de «abîmer, détruire». Le sens de la phrase entière est «pour leur avoir épargné un dommage, une perte de trois cents anciens deniers d'or».

5. Les mots מן כירהון (Palmyr. VIII, p. 14) n'ont pas été expliqués par M. de Vogüé: j'incline à y voir une faute du graveur, au lieu de מן כיסהון «de leur denier».

M. de Vogüé traduit la phrase ליקר שמש (ו)אלת ורחם אלהיא טביא ainsi: «en l'honneur de Shemesh et d'Allat, et à cause de sa piété envers les dieux bons». La difficulté de cette construction est manifeste; l'agencement de la phrase devient naturel quand on reconnaît dans רחם un nom propre de Dieu «en l'honneur de Schamsch, et d'Allat, et de Raḥem, les dieux bons».

6. Un mari érige une statue à sa femme, די מלחת (Palmyr. XIII, p. 16). M. de Vogüé traduit ces mots en doutant par «après sa mort»; cependant le mot ליקרה «en son hon-

[1] Voir l'explication de M. Renan (*Journ. asiat.* octobre 1873, p. 368 et suiv.).

neur», sans לעלמא, qui suit immédiatement, montre que la femme était encore en vie. Je traduis די מלחת «parce qu'elle a été bonne». מלח est l'arabe مَلُحَ «bona, scita, elegans fuit res».

7. Les lignes 4-6 (Palmyr. XV, p. 17) sont à traduire ainsi : «et en amenant ici (אתי לכא) les légions, plusieurs fois, pendant qu'il était préfet du marché, et il fit épargner beaucoup de fourrage et administra la cité avec douceur». אתי est pour איתי, à prononcer אַתִי. Au lieu de זבון il faut lire זבנן[1] «fois»; une inexactitude d'un autre genre est l'orthographe דואין au lieu de דתאין = l'hébreu דשאים «herbes, fourrage». עמר répond à l'arabe عامِر «cultus et habitatus locus». שכיתית est l'adjectif arabe سَكِّيت «taciturne, tranquille», affecté de la désinence adverbiale ית, ou plus commun אית. Le graveur de notre inscription était, comme on le voit, un homme illettré.

8. עלים (Palmyr. XXX *a*, p. 39), comme l'hébreu עלם, a aussi la signification de «garçon, domestique».

9. L'expression חבל (Palmyr. LXI *b*, p. 46), qui accompagne si souvent les noms des morts, revient dans le Talmud et s'emploie comme une exclamation de regret.

10. Le nom בולקא (Palmyr. LXVII, p. 40) peut être rapproché de l'ancien nom moabite בָּלָק, et cela avec d'autant plus de vraisemblance que le nom de son père צִפֹּר revient aussi dans nos inscriptions sous la forme צפרא.

Le nom נבוקוא signifie «le dieu Nebo a destiné».

11. L'épithète מסיב טב (Palmyr. LXVIII-LXIX, p. 49) équivaut à l'expression de l'hébreu moderne מזל טוב, en phénicien מזל נעם (Vogüé, *Mélanges*, p. 40), «bonne fortune»; מסיב (= מציב) est l'arabe مُصِيب «fortune».

[1] La correction de זבון en זבנן, aussi bien que le sens du verbe מלחת, a déjà été remarquée par M. Derenbourg en 1869 (*Notes épigraphiques*, p. 96, 97 du tirage à part). (Note de 1874.)

12. רנבת (Palmyr. LXXI, p. 52) est mis par inadvertance pour נדבת «elle a voué».

13. Le nom ברפא (Palmyr. LXXV, p. 52) est contracté de בל־רפא «Bel a guéri»; il est à prononcer Berrapha. La forme בורפא = בול־רפא se trouve au numéro 109[1].

14. Le mot רחמנא, dans la locution רחמנא טבא (Palmyr. LXXXVI, p. 60), signifie seulement «dieu, divinité», et remplace le terme commun אלהא. Cet usage se rencontre aussi dans la liturgie juive et chez les Sabéens, où on lit [ר]חמנן. דבסמין (Hal. 63) «les dieux célestes», mot à mot «les miséricordieux qui sont dans les cieux».

15. Dans la locution טבא וחירא (Palmyr. LXXXVIII, p. 60), le mot חירא répond à l'arabe خير «bon, gracieux».

16. Le nom בבולאזור (Palmyr. CIII, p. 68) montre, dans son premier élément, בבול, la forme araméenne du nom de Babylon, forme passée dans le Βαϐύλων des Grecs, ce qui semble indiquer que les Grecs ont appris le nom de cette ville par les Araméens, non par les Phéniciens, chez lesquels la prononciation hébraïque Babel, Babil, paraît avoir été en usage. Le nom entier paraît répondre à une forme assyrienne בבלאסר, ou בבלאצר, signifiant probablement «Babel-protége».

§ 13. — INSCRIPTION NABATÉENNE D'OUM-ER-ROUṢÂṢ.

Celui qui veut se faire une idée du progrès de l'épigraphie nabatéenne n'a qu'à lire la savante note de M. Renan, qui vient de paraître dans le *Journal asiatique*, 1873, p. 313, relative à deux inscriptions nabatéennes que de célèbres orientalistes allemands ont étudiées il y a quelques années. M. Renan a surmonté la plupart des difficultés qui arrêtaient ses devanciers et les empêchaient de se rendre compte de la construc-

[1] Cet exemple décide en définitive contre l'opinion de M. Nöldeke, qui considère ברפא comme composé de בר «fils» et de פא.

tion de la phrase et du tour général du document. Au milieu de ces lignes si claires, il reste à peine deux ou trois points obscurs qui font désirer de nouveaux éclaircissements. La présente note a pour but de réduire, autant que possible, le nombre de ces expressions obscures, et de relever certains renseignements que ces textes, désormais intelligibles, fournissent à l'étude du sémitisme.

דא נפש עבד־מלכו

בר עבישו אסרתגא

די עבד לה יעמרו

אסתרגא אחוהי

«Ceci est le monument de ʿAbd-Malkhou, fils de ʿObeisou, le stratége, que lui a fait Iamerou, le stratége, son frère.»

Cette traduction ne diffère de celle de M. Renan qu'à propos du commencement de la troisième ligne, qui est très-fruste sur la pierre, d'après ce qu'on voit par la photographie jointe à l'article précité du *Journal asiatique*. Je pense que la lecture דהעבד ne satisfait pas entièrement.

En effet, les langues sémitiques emploient ordinairement la forme simple du verbe, quand il s'agit d'une œuvre exécutée par l'ordre de quelqu'un; les preuves abondent à chaque page de la littérature et de l'épigraphie de ces peuples. Puis, comment admettre ici une forme *hafʿel*, dont les autres textes nabatéens ne montrent aucune trace? Le causatif est en nabatéen toujours אפעל, avec aleph préformatif en accord avec les autres dialectes araméens. Enfin, quelle que soit la forme du verbe עבד, elle ne dispensera pas le relatif ד d'avoir un yod final, comme c'est l'usage constant du nabatéen[1]. Il paraît donc plus simple de lire די עבד.

[1] A Palmyre on trouve quelquefois דענה pour די ענה, par exemple au n° 107.

Les noms propres contenus dans notre texte sont nouveaux. Le premier, עבד־מלכו, signifiant au propre «serviteur de Malkhou» est l'analogue du nom sabéen עבד־שרחבאל «'Abd-Schourahbêl, serviteur de Schourahbêl». Il démontre d'une manière évidente que ses homonymes hébreu et arabe עֶבֶד־מֶלֶךְ et عَبْدُ المَلِك ont un nom propre pour second élément, car le ו final de מלכו le caractérise comme tel; on ne saurait donc traduire ce nom par «serviteur du roi», il faudrait pour cela עבד־מלכא.

L'autre nom propre יעמרו, du verbe עמר «servir», a sa contre-partie dans le nom de femme תעמר (Vogüé, textes nabatéens, n° 3). On peut voir dans ce nom l'original de celui de Ἰαμβρῆς (II Thim. III, 8); l'autre nom, Ἰαννα, se réduit également à la forme nabatéenne et hébraïque יעני[1].

§ 14. — PREMIÈRE INSCRIPTION NABATÉENNE DE POUZZOLES.

L'inscription nabatéenne de Pouzzoles, l'ancien *Puteoli*, que M. Gildemeister a retrouvée à Naples et publiée dans la *Zeitschrift* de l'année 1869, a été reprise par M. Levy, et tout récemment par M. Renan. Chacun de ces savants a fait faire à la lecture des progrès rapides, et cependant l'interprétation de ce texte laisse encore plus d'une lacune à combler. Cela provient de la mutilation de quelques lettres au commencement de la première et de la dernière ligne, mutilation causée par la cassure de la pierre. La conviction que la dernière ligne visible a perdu quelques lettres à droite m'a fourni le moyen de reconnaître la nature du groupe composé de six petits caractères que mes devanciers ont considéré comme formant la quatrième ligne. J'espère que le moulage de cette inscription, que M. Fiorelli a envoyé à la commission du *Corpus inscrip-*

[1] La forme rabbinique ינאי est probablement altérée de יעני.

tionum semiticarum, confirmera cette conviction, et fera ainsi disparaître la principale difficulté que présentait ce texte.

Nous prenons la lecture de M. Renan pour point de départ de notre recherche.

(ד)ה תרי נמליא די

נדבו זידו ועבדאלגא

בני תימו לדושרא די

בדהנאו

[בשׁ]נת ג לח

[רתת מלך נבטו]

Le sens général de l'inscription est clair : il s'agit d'une offrande apportée par deux frères nabatéens à leur dieu national, Dusarès; mais ni le motif ni l'objet de cette offrande n'ont pu être déterminés jusqu'à présent. Nous demandons la permission de dire quelques mots à propos de ces questions.

Le nom de Dusarès est suivi de la particule די, qui peut être traduite soit par « de », soit par « qui, lequel ». Dans le premier cas, Dusarès serait localisé dans une ville particulière; il s'agirait du Dusarès de telle ville. Un pareil procédé est très-usité dans l'épigraphie sabéenne; on y trouve souvent אלמקה דׄהרן « Elmaqqahou de Hirrân »; עתׄתר דׄיהרק « ʿAttar de Yahraq »; יתׄעם דׄעדן « Yataʿm de ʿAden », etc. etc. C'est probablement cette considération qui a déterminé M. Levy à voir, dans le groupe de lettres menues qu'il lisait בדהלאו, le représentant de *Puteoli*, et à traduire « Dusarès de Puteoli ». Mais la lettre que M. Levy tenait pour un ל est assurément un נ, ainsi que M. Renan l'a démontré, et un nom de ville בדהנאו, ou même דהנאו, en prenant le ב comme la préposition « dans » (à Dusarès qui est dans דהנאו), est inconnu et d'une forme peu sémitique. D'ailleurs, l'analogie que M. Levy a cru trouver dans la phrase de la sixième nabatéenne chez M. de Vogüé :

לאלת אלהתהם די בצלחד, n'est pas exacte, car cette phrase ne signifie pas « à Allat, leur déesse, qui demeure dans Salkhad », comme le pensent ces savants ; mais le relatif די se rapporte aux habitants de cette ville, lesquels sont indiqués par le suffixe possessif הם, et il faut traduire ainsi : « à Allat, la déesse de ceux de Salkhad » ; mot à mot : « de ceux qui sont dans Salkhad »[1]. Dans notre passage, une pareille interprétation est inadmissible, puisqu'il manque le mot אלההם. On peut ajouter que la localisation de Dusarès semble contraire au caractère intime de sa formation. Tous les noms propres de dieux qui se prêtent à la localisation consistent en mots simples, ou du moins en des mots qui désignent des idées générales. On comprend fort bien une localisation telle que Ζεὺς Κάσιος, *Jupiter Capitolinus, Aphrodite de Byblos,* etc., parce que ces noms divins ont un sens général ; mais je crois difficilement qu'on puisse localiser un nom propre qui est déjà formé d'un nom de localité ; du moins dans les langues sémitiques cela ne se peut pas ; or le nom nabatéen דושרא est notoirement composé de דו שרא, et signifie au propre « celui qui habite ou possède la montagne de Schera » ; une localisation de ce nom paraît donc peu naturelle.

Il faut en conséquence se décider à attribuer au mot די la signification « qui, lequel » ; ce mot doit nécessairement indiquer le motif de l'offrande apportée par les auteurs de notre inscription en l'honneur du dieu Dusarès. Ce motif ne peut être désigné sans le secours d'un verbe indiquant ce que le

[1] L'inscription de Salkhat (Vogüé, *Syrie centrale*, p. 107) doit, si je ne me trompe, être entendue ainsi qu'il suit : « Cette stèle ([נצ]בתא) a été faite (construite) par Rouhou, fils de Mathibbou, fils de Aklabou, fils de Rouhou, en l'honneur d'Allat, la déesse de ceux de Salhat, et élevée par Rouhou, fils de Qosaïou, l'oncle de ce Rouhou qui a fait la stèle ». Je prends עם pour l'équivalent de l'arabe عَمّ « oncle paternel ». Je remarque encore que le nom divin קציו paraît être un diminutif de קץ « fin, terme » ; c'est l'origine de la forme iduméenne Κοζέ. Il est douteux que notre קצי ait quelque chose de commun avec le Ζεὺς Κάσιος des Grecs.

dieu a fait en leur faveur; mais le groupe ברהנאו ne présente visiblement aucune forme verbale; il faut donc le laisser de côté et supposer le verbe dans la lacune du commencement de la dernière ligne. On peut suppléer sans un grand effort les mots ענה לחון ou עניהון, d'après l'exemple de la cent cinquième palmyrénienne, où on lit, après le nom du dieu, l'expression motivante רענה (ל)אבוה ואחה «(Qariba, fille de Mazabna, rend grâces à celui dont le nom est béni dans l'éternité), qui a exaucé son père et son frère».

Examinons maintenant le groupe formé de petits caractères. Je viens de prouver qu'il n'est pas compris dans la partie qui motive l'offrande. Il doit avoir été ajouté plus tard, puisque l'espace entre la troisième et la dernière ligne n'est pas plus large que l'espace qui sépare les autres lignes. Est-ce le même graveur qui l'a ajouté, et pourquoi l'a-t-il ajouté? Pour résoudre ces questions, il est nécessaire de s'inspirer de ce fait, que le groupe en question est placé au bas de la lettre finale du nom propre תימו, qui appartient au père des auteurs de l'offrande, et l'on commence à soupçonner qu'il a paru sans doute utile d'amplifier la généalogie du père, de crainte qu'on ne le confondît avec ses nombreux homonymes, car le nom Teimou était très-commun chez les Nabatéens. En effet, quand on regarde ce groupe de près, on s'aperçoit qu'il se compose de בר «fils» et du nom propre הנאו, qui est très-fréquent en sabéen, avec ou sans mimmation, הנא ou הנאם (Hal. 3, 2; 577, 1, etc.), et qui se rencontre dans une incription grecque de Hebrân, sous la forme ENOY (Wetzstein, *Ausgewählte Inschriften*, n° 200,4, p. 324). Il y a donc lieu de lire בר הנאו «fils de Hanou».

Il reste encore à éclaircir la question relative à l'objet que les deux personnages voulaient offrir à Dusarès. MM. Gildemeister et Levy lisent חרי גמליא «ce sont des nobles de Gamala», en voyant dans גמליא un dérivé du nom de la ville de

Gamala, quoique la signification ordinaire de « chameau » s'impose à première vue. M. Renan lit תרי גמליא et reconnaît dans le premier mot le nombre « deux », mais se refuse provisoirement à attribuer au terme גמליא le sens de « chameau », et ce n'est que sous une grande réserve qu'il songe au sens de l'hébreu גמל, גמול, et le compare à l'expression grecque *εὐχαριστήρια*. L'embarras des interprètes provient de ce que l'offrande de chameau à Pouzzoles est peu probable et presque impossible. Cette considération est assurément très-juste; mais est-ce une raison suffisante pour détourner le mot גמליא de sa signification ordinaire? Je ne le pense pas. Je ne pense pas non plus qu'on puisse ébranler en quoi que ce soit la lecture des trois lettres précédentes תרי, comme l'a établi M. Renan. La difficulté disparaît quand on admet que la partie supérieure du monument montrait primitivement le dessin de deux chameaux. C'est à ce dessin que se rapporte le démonstratif דה « ceci ». Les chameaux n'étaient pas destinés à être immolés dans le temple arabe de Pouzzoles, s'il en existait un, mais dans celui de la ville d'Arabie où demeuraient les auteurs de l'inscription. Il ne s'agit donc pas d'une consécration immédiate, mais d'une simple promesse dans le but d'attirer sur eux la faveur du grand dieu de leur patrie; voilà pourquoi les auteurs de notre texte ont employé le verbe נדב, qui signifie « promettre ».

Voilà comment je propose de lire cette inscription :

דה תרי גמליא די
נדבו זידו ועבדאלגא
ברי תימו בר הנאו לדושרא די
[ע]נה להון בש[נ]ת ג לח
[ח]רתת מלך נבט[ו]

« Ceci (représente) les deux chameaux que Zeid et Abdelgé, fils de

Teimou, fils de Hanou, ont promis à Dusarès, qui [les a exaucés]. L'an 20 de Ḥa[rithath, roi de Nabatène]. »

Ces personnages étaient, suivant toute vraisemblance, des étrangers de passage à Pouzzoles dans l'intérêt du commerce; cela explique la manière de dater par les années du règne de Ḥareṭat, employée dans notre texte; car les Nabatéens domiciliés à Pouzzoles devaient naturellement faire usage de l'ère romaine [1].

Un mot au sujet du nom עבדאלגא. Ce nom revient encore dans la troisième nabatéenne chez M. de Vogüé, et signifie « serviteur du dieu Gê ». Le mot גא est sans aucun doute identique à l'hébreu גַיְא, גֵיא « vallée »; il est l'origine du nom de la ville appelée *Gaia* par les auteurs classiques, laquelle était située au bas de la montagne de Petra et à l'entrée du wadi *Raqam*. Les rabbins appellent Petra רְקַם גֵּאָה, et l'assimilent à *Qadesch Barnéʿa* du Pentateuque; la prononciation *Gê* se trouve chez Étienne de Byzance, ar. Γέα. Le dieu *Gê* גא était l'éponyme et probablement le protecteur de la ville nabatéenne *Gaia* ou *Géa* (aujourd'hui *El-Djî* الجى). Cette considération permet aussi de présumer que le nom de l'autre divinité nabatéenne, écrit tantôt טא, טה, tantôt תא, תה, provient d'une forme תיא, טיה = טעיא, תעיא « errant »; on trouve aussi la forme תהו, טהיו, et même טחיו ; il rappelle le nom de la tribu طىّ et les Ταηνοί des anciens géographes. Les récits talmudiques mentionnent souvent cette tribu sous le nom טייא ou טעיא, qui dérive du verbe טעה « errer », et convient très-bien aux nomades; on sait que les Ταηνοί appartenaient aux Σαρακήνοι, c'est-à-dire à la fraction du peuple nabatéen qui menait une vie nomade. Cela explique le fait rapporté par les auteurs musulmans, que les noms propres composés avec ذو étaient fréquents chez les *Tay*,

[1] Cette interprétation a été communiquée par moi à M. Renan, et, quelque temps après, j'ai appris avec plaisir que le savant académicien l'avait entièrement adoptée. (Voir *Journ. asiat.* octobre 1873, p. 383.)

et, en effet, les inscriptions nabatéennes offrent beaucoup de noms de cette formation, comme דו־שרא, דו־עפצו, דו־חלצת, דו־צפרע. Une autre preuve que les nomades dont parle le Talmud étaient bien nabatéens résulte d'un bon nombre de phrases qui y sont citées et qui sont en araméen.

De toutes ces considérations il ressort avec évidence que l'origine himyarite, attribuée par les écrivains musulmans à la tribu de Tay, ne mérite aucune confiance. Il y a même lieu de penser que la confusion des Arabes à propos des Tay a servi de point de départ aux compilateurs de la liste des rois d'Himyar pour y mettre plusieurs noms composés avec le relatif ذو, comme *Dhou-Nowas, Dhou-Scharḥ,* etc., noms qui s'écrivent tout autrement dans les inscriptions sabéennes; de même, le nom nabatéen עמר figure souvent dans les listes que je viens de nommer, tandis qu'il ne se rencontre jamais dans les textes de l'Arabie méridionale. Quand on pense à ces erreurs si grossières des annalistes musulmans, on est bien étonné de voir qu'il y a encore des savants qui croient pouvoir contrôler, à l'aide de la tradition arabe, les données de la Bible et celles des auteurs classiques. J'avoue même que, à mon avis, il n'est pas encore tout à fait certain que le royaume de Ghassan et peut-être aussi celui de Ḥira aient eu une origine sabéenne, comme l'assurent les historiens arabes. La présence de poëtes arabes à la cour de ces souverains ne prouve pas même que la masse de la population parlât l'arabe proprement dit. Quant aux poëmes attribués à quelques-uns des monarques de Ghassan et de Ḥira, je n'hésite pas à déclarer qu'ils portent tous les caractères d'œuvres apocryphes. Les Arabes n'ont-ils pas attribué des vers aux souverains de Saba et même aux plus anciens d'entre eux? Pour le royaume de Ghassan, du moins, j'incline à le croire constitué par l'immigration en masse de la tribu des *Thamydeni* ou *Thamoud,* ce qui expliquerait la disparition soudaine de ce peuple du territoire de *Ḥedjr* ou *Ma-*

dâïn Sâliḥ; mais la discussion de cette question intéressante doit être réservée pour un article ultérieur.

§ 15. — INSCRIPTION NABATÉENNE D'EZRAʿ[1].

M. de Vogüé dit à propos de cette inscription : « Ce texte est d'une extrême difficulté et a résisté à tous mes efforts; je n'ose en donner l'explication. Je ne reconnais que le nom propre והבאל, *Wahabel,* au début, et quelque mots épars, tels que תרתין « deux », au féminin, à la troisième ligne. »

En m'aidant des jalons posés par M. de Vogüé, je crois être parvenu à déchiffrer complétement cette intéressante inscription. Voici comment je propose de lire :

והבאל די שיהרי · אי
ר בר באזו עבד לטבא לח־
יוה דכדן תרתין זבני־
ן אתפני תות יאר ושזב לה

Wahbêl de Schihari....., fils de Bazou, a fait (ceci) en l'honneur du (dieu) bon, pour sa vie; car déjà deux fois il a disparu au fond du Nil, et le dieu l'a sauvé.

שיהרי est un nom de tribu, dont le dieu éponyme me semble figurer dans le nom d'homme גרם־אל־שהרי, qui signifie « corps du dieu Schihari ». Le mot אל est l'équivalent de אֵל « dieu », et non l'article arabe.

איר. Il manque une lettre au commencement de ce mot; le א même n'est pas très-sûr.

באזו. Le ז est douteux.

לטבא « au dieu bon ». Les lettres טב sont effacées en partie sur la copie de M. de Vogué; la lecture du mot me paraît néanmoins très-probable.

[1] Vogüé, *Syrie centrale*, p. 124.

לחיוה « pour sa vie » diffère peu de la formule ordinaire על חיוה.

דכדן « car déjà ». La particule ד motive la consécration. כדן est composé de la particule de comparaison כ et du pronom démonstratif דֵּן. En hébreu, le זֶה seul comporte l'idée de « déjà », surtout devant les noms de nombre (Genèse, XXVII, 36; Nombres, XXII, 28); de même ዘንተ en éthiopien (Dillmann, *Gr. Æth.* p. 383).

תרתין זבנין « deux fois ». זבנין est un provincialisme pour זמנין; ce mot est traité ici comme un nom féminin.

אתפני. Voir *Etpeel,* de la racine פנא, פני « se retirer, se perdre de vue, disparaître ».

תות, apocopé de תחות = תְּחֹת « au dessous ».

יאר, la désignation du Nil, identique à l'hébreu יְאֹר et à l'égyptien *Yarou.*

שזב לה « et il (le dieu) l'a sauvé », construction connue dans le chaldaïsme biblique, par exemple : דִּי שֵׁיזִב לְדָנִיֵּאל (Dan. VI, 28, etc.).

L'auteur de cette inscription s'annonce comme ayant fait un ou plusieurs voyages en Égypte, pendant lesquels il lui est arrivé de tomber deux fois dans le Nil et d'échapper à la mort comme par miracle.

§ 16. — L'INSCRIPTION ARABE DE ḤARRÂN DANS LE LEDJA.

La Syrie méridionale a été de tout temps le rendez-vous des peuplades arabes, qui, poussées par la nécessité ou par l'amour du pillage, y faisaient de fréquentes incursions. Une partie de ces hordes bédouines, lasse de la vie du désert, se fixait au milieu des populations araméennes et se laissait absorber par elles; la nation nabatéenne, qui a joué un certain rôle dans les événements de la Syrie pendant trois ou quatre siècles, était composée en partie d'Arabes syrianisés. Le dialecte nabatéen montre un fond araméen légèrement mêlé d'expressions arabes. Après l'ère chrétienne, l'élément arabe alla se fortifiant et tendit à absorber à son tour les populations araméennes. Ce revirement semble être dû à la formation dans l'Arabie septentrionale des petits royaumes de Ghassan et de Ḥira, dont l'amitié était souvent recherchée par les deux empires rivaux de Rome et de Ctésiphon. L'inscription de Ḥarrân dans le Ledja fournit pour la première fois un texte arabe pur, sans aucun mélange d'araméen. L'écriture dans laquelle ce texte est rédigé est également une écriture purement arabe, représentant déjà tous les traits caractéristiques du coufique. Quand on considère encore que l'inscription du Ledja est le seul document authentique de l'arabe antéislamique écrit en dehors du Hidjâz, on conçoit combien il est à désirer que le déchiffrement du texte si heureusement commencé par M. de Slane soit mené jusqu'au bout, afin qu'on puisse se faire une idée exacte de l'idiome qui allait bientôt devenir la langue sacrée du monde musulman.

Nous empruntons la double copie de cette inscription à l'excellent livre de M. de Vogüé sur les documents de la Syrie centrale, page 117, et nous transcrivons les judicieuses remarques que le savant académicien a ajoutées à ce texte.

« Pour mieux faire sentir cette filiation (entre l'écriture arabe et nabatéenne), je reproduis ici les deux copies qui ont été faites de l'intéressante inscription de Harrân.

« Le texte grec qui accompagne ce document est ainsi conçu :

« Ἀσαράηλος Ταλέμου φύλαρχ(ος) ἔκτισεν τὸ μαρτ(ύριον) τοῦ ἁγίου Ἰωάννου ἰνδ(ικτιωνος) ά τοῦ ἔτους υξγ. Μνησθῖε ὁ γράψας +.

« L'année 463 de Bosra, première indiction, correspond à l'année 568 de notre ère, du 22 mars au 1er septembre.

« Malgré la présence de la traduction grecque, l'interprétation du texte arabe est très-difficile. M. Waddington (*Inscr. syr.* n° 2464) en a déjà signalé et discuté les obscurités ; je me bornerai donc à reproduire ici la note que notre savant confrère, M. le baron de Slane, a jointe à son travail :

« J'ai examiné l'inscription de Harrân, mais sans pouvoir ar-
« river à un résultat qui me satisfasse complétement. Voici ce
« que j'ai déchiffré :

« انا « moi ».

« شرحيل = شراحيل « Scharâhil ». Ibn Doreid nous apprend
« qu'il faut prononcer *Scharahil*, et non pas *Schorahil*. L'alef de
« prolongation est supprimé, comme cela a très-souvent lieu
« dans l'écriture dite *coufique*.

« بن « fils de ».

« ظلمو = ظالمو « Dalemou ». La forme arabe est ظالم, nom
« bien connu. Dans l'inscription, l'alef de prolongation est sup-
« primé ; le و final est une terminaison à la nabatéenne.

« بنيت « j'ai bâti ».

« دا المرطول « ce martyrium ». En arabe, le nom qui suit le
« pronom démonstratif doit être déterminé par l'article *el* ou
« par un autre mot déterminé et régi au génitif. Ici la déter-
« mination s'est faite au moyen de l'article.

« شيخ « oh ! Scheikh ! oh ! Seigneur ! » Si l'auteur de l'inscrip-
« tion avait voulu dire « pour le Scheikh », il aurait écrit للشيخ
« = لالشيخ.

« يحو = يحيى « Yahya, Jean » ?

« Le mot suivant est indéchiffrable.

« عك « remettez, retardez », forme impérative du verbe *sourd.*

« مسك. Je lis مسكى « le temps où je dois être saisi », c'est-à-
« dire « par la mort », sous-entendu. Le ى final, représentant
« le pronom possessif de la première personne, a été supprimé
« pour la même raison que l'alef de prolongation.

« حبذ = حبّذا, *bonum est id, euge*, etc. L'alef de prolonga-
« tion a été supprimé.

« نعم, *bonum sit, bene*.

« Je traduis donc : « Moi, Scharahil, fils de Dalémou, j'ai

«bâti cette chapelle. Oh! Seigneur Jean.... reculez l'heure «de ma mort!» *Quod bonum faustumque sit.*

M. de Vogüé ajoute la remarque suivante : «Il n'y a de certain dans cette traduction que la première ligne et la dernière; néanmoins, elle suffit pour constater le caractère arabe de la langue et de l'écriture.» Je suis de l'avis de M. de Vogüé, et je demande la permission de tenter une nouvelle interprétation sur la partie obscure de ce texte.

La lettre finale du mot qui forme la troisième ligne est, à mon avis, un *r* et non pas un *d*, qui, comme on le verra tout à l'heure, a une forme différente; j'obtiens ainsi la leçon خَيْر «bien», terme de bénédiction, auquel se rattache convenablement le mot نعم de la ligne suivante et qui sert à affirmer, comme notre «ainsi soit-il».

Dans la seconde ligne, le premier mot me paraît être لشخ écrit *défective* pour لشيخ «du scheykh». Le titre *scheykh* répond à l'expression syriaque ܡܪܝ dans les noms de saints et signifie «monseigneur». Le *lâm* exprime le génitif qui figure dans la phrase grecque τοῦ ἀγίου Ἰωάννου.

Le mot suivant, qui contient le nom de saint Jean, me paraît devoir se lire *Yahou* يهو; la seconde lettre est un *hâ* et se distingue du *ḥâ* par la prolongation du trait oblique. Les deux premières lettres de ce nom se retrouvent au commencement du quatrième mot; je les prends toujours pour *yâ* et *hâ;* puis, en considérant comme un *dâl* la lettre qui vient après, j'obtiens le mot يهد = يهود «les Juifs»; le و de prolongation a été supprimé; cette leçon, qui est très-admissible paléographiquement, me conduit à reconnaître dans le terme suivant le participe مُفْسِد «pernicieux, méchant», se rapportant à يهود; on sait que les adjectifs qui qualifient les noms collectifs prennent la forme du masculin singulier.

Le troisième mot est beaucoup plus difficile à déchiffrer. Au commencement, on discerne les lettres *lâm* et *mîm;* la première est à coup sûr l'article آلْ avec l'omission de l'alef, omission qui n'est pas rare dans les textes nabatéens (par ex. גרמלבעלי pour גרם־אלבעלי, etc.). Le *mîm* indique la présence d'un participe; le verbe a, d'après la meilleure copie, celle de M. Waddington, l'apparence de ططس, qui est impossible; je suppose que le trait supérieur de la seconde lettre radicale n'est pas original, et j'incline à lire مَطْغ(وُ)س, participe passif du verbe طغس «être mort»; ce participe est mis à l'état construit avec les compléments يَهُودْ مُغْسِد régis au génitif et indiquant les auteurs de la mort de saint Jean; une construction semblable est usitée en arabe littéraire, par exemple, مُقَاتَلُ رَبِّهِ «un homme qui est combattu par dieu»; l'article se met régulièrement au premier membre d'un état construit impropre quand il est pris dans un sens déterminé.

L'inscription entière peut donc se transcrire ainsi qu'il suit :

أَنَا شَرَ(ا)حِيل بن[1] ظَ(ا)لِمُوَ بَنَيْتُ ذَا ٱلْمَرْطُول
لِشَ(ي)حَ يَهْوَ (آ)لْمطْغُوس يَهُ(وُ)د مُغْسِد
خَيْر
نَعْم

C'est-à-dire : «Moi, Scharâḥil, fils de Thalémou, j'ai bâti cette chapelle à saint Jean, qui fut mis à mort par de méchants Juifs. Que ceci nous porte bonheur! Ainsi soit-il.»

Cette inscription est intéressante sous plusieurs rapports, et je demande la permission d'en signaler les points les plus saillants :

L'importance paléographique de notre texte a été relevée

[1] Le noun final n'est pas sûr; les copies montrent plutôt بر, qui est le mot syriaque et nabatéen בר «fils».

par M. de Vogüé dans les termes suivants : « Cette écriture est presque identique à celle que l'on appelle *coufique*, que l'on croyait jusqu'à présent postérieure à l'islamisme, inventée dans la ville de *Coufa* et dont le plus ancien exemple daté connu était de l'an 72 de l'hégire. L'inscription de Harrân est chrétienne; elle est antérieure de soixante ans à l'hégire, et pourtant elle diffère à peine, quant aux formes essentielles de l'alphabet, des inscriptions du temps des Omeyades. Ces formes étaient donc constituées dans le siècle qui précède l'islamisme; elles n'étaient elles-mêmes que le produit d'une déformation graduelle et cursive des formes nabatéennes, hâtée et consacrée par un système de ligatures dont nous voyons les premières applications dans les textes de Palmyre et du Haouran. Cette déformation était déjà presque complète quand furent tracées les dernières inscriptions du Sinaï; elle avait des règles définitives quand la dédicace de l'église Saint-Jean fut gravée par Scharahil, fils de Talémou, sur la pierre du monument de Harrân. »

Il y aura peut-être quelques remarques à faire au sujet de l'origine récente et chrétienne qu'on serait porté à attribuer à l'écriture de notre document; rien n'oblige à présumer que cette écriture fût l'apanage d'une secte; il est plus naturel de penser qu'elle était répandue chez les tribus du désert, et qu'elle servait à la transcription des poésies nationales. On s'expliquerait ainsi la conservation des divans volumineux des poëtes antéislamiques.

On a trop souvent le tort de croire aux merveilles de la mémoire chez les peuples incultes. Songe-t-on quel singulier texte serait celui du Véda, du Coran ou de la Bible, transcrit sur la récitation de vive voix faite par un brahmane, par un hafiz ou par un rabbin! Outre d'innombrables erreurs de prononciation et des lacunes plus ou moins étendues, on y verrait un grand nombre de passages tronqués se joindre à d'autres passages également mutilés, mais en apparence homogènes et formant la suite des premiers. Même un chant populaire de médiocre étendue risque de se défigurer par les variantes qui s'y introduisent insensiblement, s'il n'est pas rédigé par écrit aussitôt qu'il a paru. Mahomet ne paraît pas avoir été aussi ignorant de l'art d'écrire que ses sectaires le disent, ou peut-être qu'il l'a dit lui-même, dans le but de donner plus de relief à son prestige prophétique. Il y a lieu de regarder l'écriture arabe comme contemporaine du système nabatéen, bien que dérivée de celui-ci. Nous avons un exemple analogue dans l'écriture néo-punique, dérivée du carthaginois et qui a coexisté longtemps avec l'écriture mère; la preuve nous en est donnée par certaines inscriptions carthaginoises, qui montrent la signature du graveur en caractères néo-puniques.

L'orthographe de notre document suit les règles de l'orthographe nabatéenne; les lettres de prolongation sont toujours exprimées à la fin des mots; dans le corps du mot, ces lettres sont à volonté exprimées ou omises. L'alef affecté de la voyelle *î* se change déjà en *yâ* شرحيل, au lieu de شراحال, à l'exemple du והבאל et דבאל des textes nabatéens. Ceci s'accorde avec l'usage de l'arabe classique.

Le langage de notre texte ne manque pas non plus d'un certain intérêt : la présence du nom propre Scharahil montre combien les auteurs musulmans sont mal renseignés quand ils prétendent que le nom divin إِيل = אל est d'origine araméenne; c'était sans doute un terme jadis aussi fréquent en arabe que dans les autres langues sémitiques, sans excepter l'éthiopien, comme je le prouverai à l'occasion. La confusion entre le nom divin *El* et l'article arabe a été faite par plusieurs commentateurs et lexicographes hébreux au sujet des noms propres אַלְמוֹדָד, אַלְקוּם. Le premier, étant expressément donné comme un nom yoqthanide, ne peut pas être composé avec l'article, puisque cette partie du discours manque totalement à l'idiome sabéen; l'élément אל représente nécessairement le nom divin *El;* la vocalisation massorétique אֵל est visiblement un de ces changements intentionnels que M. Geiger a constatés dans d'autres noms propres étrangers. Pour אלקום, nous avons une preuve plus directe; car ce nom revient aussi dans les inscriptions sabéennes, où, ainsi que je viens de le dire, il ne peut pas être question d'article. De plus, un dieu du nom de קום se présente souvent dans les textes sinaïtiques (par ex. L. de Laval, XL, 3). Dans les mots לטושם, לאומים, אלגמים (אלמנים), le lamed est radical; ce n'est nullement l'article arabe; לטושים se retrouve dans le nabatéen לטשו (Lep. n° 2, Levy, *Nabat. Inschr.* p. 44); לאומים rappelle la Louma de Ptolémée, et enfin אלגמים paraît d'origine indienne (walgoum, bois de sandal). J'emploie à dessein la forme dubitative; car, d'après II Chr. II, 7, les arbres אַלְגּוּמִּים se trouvaient aussi dans le Liban. Le mot אֶלְגָּבִישׁ seul pourrait servir d'exemple de l'article arabe; cependant, quand on considère que ce terme ne s'emploie jamais isolément, mais toujours après אַבְנֵי, on ne peut pas s'empêcher de penser que אלגביש est le nom propre d'un dieu éponyme de la grêle, de sorte que le complexe hébreu אבני אלגביש «pierre de Elgabisch, grêle,» serait parallèle à l'expression arabe قوس قزح «arc de Qouzaḥ, dieu des nuages, arc-en-ciel». Je ne connais dans l'ancienne littérature hébraïque qu'un seul mot arabe, qui suffit pourtant pour démontrer la haute antiquité de cet idiome; c'est le nom propre אוֹבִיל porté par un pâtre de chameaux ismaélite au service de David (I Chr. XXVII, 30); ce nom représente visiblement le terme arabe آبل (pour ءابل) «gardien de chameaux, chamelier», de إبل «chameau,» terme exclusivement arabe.

Un autre fait linguistique assez remarquable ressort aussi de notre document. N'est-il pas curieux de voir que l'idiome du texte de Harrân, loin de représenter l'arabe littéraire consacré par le Qorân, est presque identique à l'arabe vulgaire par rapport à l'absence de déclinaison? Pas la moindre trace de nounnation, ni dans les appellatifs ni dans le nom propre du père du donateur, lequel nom propre, au lieu de s'écrire ظالمٌ, comme l'exige la grammaire de l'arabe classique, affecte un و immuable à la manière des noms propres nabatéens, tandis que le nom شرحيل, qui, d'après la ponctuation arabe, doit aussi se terminer en *ou*, manque du و qui devait le représenter, et le manque du *waw*, dans ce cas, est de nouveau conforme à l'usage nabatéen, qui prescrit l'omission de cette terminaison dans les noms propres composés; on dit ainsi : מלכו, תימו, רוחו, קציו, מקימו, mais והבאל, אלהבל, אלברך, מלכבל. Cette règle, si constante dans les documents de la Nabatène, paraît ajouter un grand poids à l'opinion de ceux qui considèrent la déclinaison arabe comme l'œuvre des grammairiens, ou, du moins, comme un développement postérieur propre à l'arabe. Dans un travail sur les antiquités de l'Arabie méridionale, j'ai cherché à démontrer, par des arguments tirés du caractère de la mimmation sabéenne, que la flexion du nom n'est pas primitive dans les langues sémitiques; j'ai pensé, en outre, que la terminaison vocalique du nom en arabe représente la contraction du pronom démonstratif et personnel הוא «il, lui», dont il reste encore des vestiges en éthiopien. Ce pronom était destiné tout d'abord à différencier le genre masculin du genre féminin, lequel avait déjà sa terminaison propre, qui est la lettre ת; plus tard, quand la signification originaire a été oubliée, on en est venu à prendre la terminaison comme signe distinctif des noms en général. Le dialecte nabatéen est resté au premier degré de développement; il emploie le *waw* (contracté de הו) seulement dans les noms simples à terminaison masculine מליכו, מלכו, חרשו, tandis que les noms terminés en ת sont dépourvus de *waw* : מליכת, עבישת, חרתת, אדינת, etc. La même règle est en vigueur quand le ת est préfixe; ainsi תעמר en face de יעמרו. En arabe, au contraire, la terminaison ou (ـُ) se joint aussi bien aux formes féminines qu'aux formes masculines, usage qui tranche visiblement sur le caractère primitif de cette terminaison, et qui, par conséquent, s'annonce comme une formation postérieure.

En ce qui concerne le contenu du document de Harrân, il est à remarquer que le ton haineux avec lequel le donateur parle des Juifs montre assez que ce peuple était très-mal vu dans le pays. Aux temps anciens, l'Arabie donnait souvent asile aux réfugiés israélites (I Sam. XXII, 3, 4; Exode, II, 15); Palmyre avait une communauté juive qui jouissait de tous les droits de cité (M. de Vogüé, *Syrie centrale,* p. 48). Juifs et Syriens avaient en commun l'horreur du joug étranger, et ce sentiment devait grandir depuis que la Judée, la Syrie et la Nabatène avaient été incorporées dans le vaste empire d'Adrien; aussi les Romains étaient-ils furieux de la résistance sourde des peuples syriens, et ont-ils exhalé leur indignation dans la fameuse inscription : *Cessent Syri ante Latinos Romanos!* (Grey III *Wadi Mukatteb*). Cette antipathie entre la Syrie et l'empire romain cessa tout à coup quand ces pays se furent convertis au christianisme : la haine des vainqueurs et des vaincus se tourna alors contre le peuple le plus faible du monde, auteur et propagateur de la nouvelle religion. Des inscriptions semblables à celle que portait la chapelle de Harrân habituèrent les Arabes à regarder leurs concitoyens israélites comme une bande de malfaiteurs et d'impies, et quand, soixante-sept ans plus tard, le fougueux prophète de la Mecque voulut se débarrasser de vive force des populations juives qui le gênaient, ni les souvenirs de race, ni les nobles actions de Samuel-ben-ʿAdia, célébrées par les poëtes contemporains, ne l'empêchèrent de mettre son dessein à exécution; pas une voix ne s'éleva dans toute l'Arabie en faveur de ces malheureux : les hordes de l'islamisme, avides de meurtre et de butin, après avoir détruit ou dispersé les tribus juives aux environs des villes principales, se jetèrent sur les florissants villages de Khaybar, mettant tout à feu et à sang et laissant à l'adresse des innocentes victimes qu'ils venaient d'immoler l'épithète flétrissante : *Yahoud Khaybar* « Juifs de Khaybar ».

§ 17. — MONNAIES AKSUMITAINES.

L'existence d'un système monétaire atteste plus encore que tout monument un état de société très-développé. Des tyrans peuvent forcer un peuple à leur élever des pyramides gigantesques, à bâtir des villes et des forteresses, sans que leurs sujets en tirent aucun profit, ou même en comprennent toute la portée; mais, lorsque les princes, jaloux d'éterniser leur mémoire et leurs exploits, ont recours aux monnaies, qui sont destinées à passer entre les mains de tout le monde, il faut admettre que leur peuple est arrivé à un degré de culture plus que rudimentaire, et qu'un commerce d'une certaine importance s'est établi entre les diverses provinces du pays et l'étranger.

De nos jours, les Abyssiniens ne connaissent d'autre monnaie que les écus de Marie-Thérèse et des pièces de sel de forme allongée qu'ils appellent *amoli* et dont la valeur varie suivant les saisons et les provinces. Le commerce est fort restreint et exercé par les musulmans. Mais, dans les siècles reculés, l'état de l'Abyssinie était bien différent. Les monnaies des rois d'Aksum, récemment découvertes, prouvent que des communications suivies ont existé entre l'Éthiopie et certaines contrées plus septentrionales, d'où lui vinrent divers éléments de civilisation; ces rapports furent interrompus soudain par les événements qui survinrent à l'apparition de l'islamisme; cette interruption causa la déchéance de cette civilisation naissante, et voua à l'oubli les antiques héros nationaux et leurs exploits.

Il existe pourtant plusieurs listes des rois d'Aksum donnant quelquefois la durée de leur règne, mais fort rarement des notices historiques. Ces listes offrent une série de noms parfois si bizarres, et diffèrent tellement les unes des autres quant au nombre des rois et quant à la durée de chaque période, qu'il est impossible de s'y orienter. Tous les essais qui ont été tentés pour établir une chronologie régulière sur telle ou telle liste ont parfaitement échoué[1].

La découverte des monnaies aksumitaines n'a pas jeté sur les problèmes historiques la lumière qu'on pouvait en attendre. Un seul nom, gravé sur les médailles, celui du roi *Armaḥ*, a été retrouvé dans les listes contre huit ou neuf qui ne s'y trouvent pas. Pour expliquer ce phénomène, on a rappelé que les Abyssiniens ont l'habitude de porter plusieurs noms à la fois, de sorte que le même personnage peut figurer plusieurs fois sous un nom différent. D'autre part, on a supposé que des personnages peu importants ont été omis dans certaine liste qui ne représenterait que l'abrégé de listes plus longues. De cette manière, l'autorité des listes royales était mise à couvert, et l'on est allé jusqu'à remanier les noms propres qui se présentent dans les médailles et dans les textes épigraphiques, afin de les ramener aux formes particulières aux annales d'Aksum.

Cependant il suffit d'examiner ces annales avec quelque attention pour se convaincre qu'elles constituent une compilation assez moderne, empruntée à des sources très-diverses, dans lesquelles la tradition authentique entre pour peu de chose. Examinons tout d'abord les trois grands synchronismes

[1] Voir, sur ces listes, Dillmann, *Zur Geschichte des abyssinischen Reichs*, Z. d. D. M. G. VII, 338 et suiv.

sur lesquels toutes les listes sont d'accord. Ces synchronismes sont :

1° La dynastie abyssinienne commence par Ibna-laḥakĕm, que la reine de Saba eut du roi juif Salomon; à cette date, le judaïsme a été introduit en Abyssinie.

2° Jésus-Christ naît sous le règne du roi *Bâzên.*

3° Les frères Ela-Abreha et Ela-Aṣbeḥa sont les premiers rois chrétiens d'Abyssinie.

Ce dernier synchronisme serait d'une importance capitale, si les annalistes étaient d'accord sur la date de cet événement; mais un tel accord n'existe pas : d'après une note jointe à la liste A, la conversion d'Ela-Abreha et d'Ela-Abṣeḥa aurait eu lieu l'an 425 de l'ère chrétienne; l'auteur de la liste B la place en 340 (une variante donne 333). Cette dernière date se rapproche assez bien de ce qui résulte des documents grecs; on sait que l'empereur Constance II écrivit en 356 aux rois abyssiniens Aïzana et Saïzana comme à des princes chrétiens; leur conversion est donc antérieure de quelques années à cette date. Mais, pour établir l'harmonie entre la chronologie byzantine et les annales éthiopiennes, il faudrait admettre l'identité du couple princier des deux documents; nous hésitons pourtant à le faire, par cette raison que, ainsi qu'il sera démontré plus loin, le nom d'Aïzana revient dans les deux inscriptions éthiopiennes d'Aksum; on apprend ainsi que ce prince n'a pas porté d'autre nom. D'une autre part, il est remarquable que les deux noms Abreha et Aṣbeḥa, bien que dans une filiation différente, sont cités à deux reprises par les historiens musulmans comme des rois du Yémen : El-Abraha, fils d'Eṣ-Ṣabaḥ, contemporain de Sapor II, environ 370, puis Es-Ṣabaḥ, fils d'El-Abraha, au temps de Yezdedjerd II, environ 440. Il y a évidemment dans ces relations une réminiscence d'une conquête du Yémen par des princes abyssiniens qui avaient pour nom Abreha et Aṣbeḥa.

Je laisse de côté le règne de Bâzên, contemporain de la naissance de Jésus-Christ, donnée qui échappe à notre contrôle, puisque l'histoire n'a enregistré aucun exploit de ce monarque. Ce qui importe le plus, c'est de signaler le caractère fabuleux de toute la série des rois d'Aksum avant l'ère chrétienne. L'origine salomonienne de la dynastie aksumitaine et la domination du judaïsme en Abyssinie sont devenues, chez les Abyssiniens, une croyance nationale que rien n'ébranlera. En Europe même il ne manque pas de savants qui sont de l'avis des Abyssiniens, bien que les inscriptions d'Aksum attestent tout à fait le contraire. Je ne crains pas de dire que non-seulement la Judée n'est jamais entrée en relation avec l'État aksumite, si cet État existait dans le temps, mais que la présence des Juifs en Abyssinie avant l'ère chrétienne ne repose sur aucune base solide. Je me permettrai d'exposer ici quelques raisons qui me déterminent à rejeter cette tradition dans le domaine des fables.

Tous les écrivains anciens, depuis les auteurs de la Bible jusqu'aux historiens grecs, romains, syriens et arabes, sont unanimes pour constater que l'antique royaume de Saba était situé en Arabie Heureuse et non pas en Afrique, comme le veut la tradition abyssinienne. Or, en Arabie, où les Juifs existaient depuis une très-haute antiquité, ils n'ont jamais cherché ni à convertir les autres peuples en masse, ni à dominer dans le pays. Les Sabéens, malgré la visite faite par leur reine à Salomon, les relations qu'ils entretinrent longtemps avec la Judée et l'existence de nombreuses colonies juives parmi eux, sont restés idolâtres jusqu'à l'apparition de l'islamisme. Même à l'époque où le roi des Himyarites appelé par les Arabes Zoura-dhou-Nowas se convertit au judaïsme (environ 525 de l'ère chrétienne), le parti païen était prépondérant, et les habitants de Sanâ avaient fermé les portes de leur ville à ce prince à son retour de l'expédition qu'il avait entreprise contre la Mecque.

On voit par ceci que les Juifs étaient en minorité dans le pays himyarite, où il en existait de temps immémorial; à plus forte raison ne saurait-on admettre que la religion juive était celle de l'État aksumitain, de l'autre côté de la mer Rouge, où aucun auteur ancien ne mentionne la présence d'un seul Juif.

En second lieu, il est avéré, d'après le témoignage des historiens grecs, que les missionnaires envoyés par l'empereur Constance pour convertir les Himyarites échouèrent dans leur tentative à cause de la résistance des Juifs. Mais, s'ils avaient eu cette puissance dans un pays où ils ne possédaient aucune importance politique, comment, en Abyssinie, où leur religion aurait été dominante, auraient-ils laissé saint Frumence prêcher sans opposition le christianisme pendant vingt ans, et se seraient-ils enfin convertis en masse à la nouvelle foi? Les Juifs himyarites, vaincus par un roi chrétien d'Abyssinie, furent exterminés, mais non convertis, et le peuple éthiopien aurait seul abandonné la religion juive, qu'il professait depuis 1300 ans, grâce à la prédication d'un seul missionnaire. Quand on réfléchit à l'attachement que les Juifs ont montré pour leur religion pendant les atroces épreuves qu'ils subirent pendant le moyen âge, on ne peut admettre cette conversion générale opérée si facilement.

En troisième lieu, si le judaïsme avait longtemps régné en Abyssinie, la Bible hébraïque (ou une traduction du livre faite sur le texte hébreu) existerait dans ce pays, tandis que la version gueez ne remonte pas au delà du IVe siècle et reproduit une rédaction assez altérée des Septante.

De ces considérations il résulte que le judaïsme n'a été connu en Éthiopie qu'à une époque relativement moderne.

Plusieurs indices me font penser que les Juifs d'Abyssinie ont eu pour noyau un certain nombre de Juifs himyarites que les rois d'Éthiopie avaient transportés du Yémen dans leurs fréquentes guerres avec la puissance sabéenne, et principalement pendant la guerre avec Dimianus ou Dhou-Nowas, qui s'était converti au judaïsme. Il est très-probable que le vainqueur d'Himyar a amené en Abyssinie des milliers de captifs, parmi lesquels se trouvaient aussi beaucoup de Juifs. Au rapport, assurément authentique, de l'évêque Gregentius, il a été défendu, sous peine de mort, aux Juifs de donner leurs filles à des coreligionnaires[1]. Ces mesures draconiennes ont obligé les Juifs restés fidèles à la foi de leurs ancêtres à épouser des femmes du pays, surtout des femmes de la race agaou, asservie comme eux et mal ou point convertie au christianisme; de là viennent, à n'en pas douter, les traits tout africains des Juifs abyssiniens; de là aussi leur dénomination de *Fallasyân*, vulgairement *Falacha*, qui signifie «transportés, exilés». Leur ignorance de la langue hébraïque et les particularités de leurs rites, qui ne sont conformes à ceux d'aucune secte juive connue, tout cela s'explique parfaitement, en admettant l'idée que nous nous sommes formée de leur origine.

L'exposé qui précède aura pour résultat, je l'espère, de reléguer parmi les fables le point de départ des annales aksumitaines. Quand on descend au détail de la série des 25 noms que les annalistes éthiopiens assignent aux rois d'Aksum antérieurs à Bâzên, on y découvre une agglomération difforme d'éléments divers qui accusent une origine très-récente. Ainsi, par exemple, les noms supposés préchrétiens : Tomaï (B, 2), Ausâbios (B, 1), Abrâlios (B, 7), reproduisent les noms grecs bien connus : Thomas, Eusebius et Aurelius; de même le nom *Handeyo* ou *Handadyo*, attribué au deuxième roi d'Aksum, représente visiblement l'altération de Candace, nom d'une reine d'Éthiopie cité dans les Actes des Apôtres, VIII, 27, et, ce qui plus est, c'est que le fondateur de la dynastie abyssinienne, le prétendu fils de Salomon, porte un nom pure-

[1] Voir G. Lejean, *Voyage en Abyssinie*, p. 83.

ment arabe : *Ibna-la-Ḥakĕm* = Ibn-el-Ḥâkim, «fils du juge». Cette circonstance suffirait à elle seule pour faire supposer une origine arabe à toute cette liste. Pour compléter la série des impossibilités dont pullulent les annales éthiopiennes, je ferai encore remarquer que des noms formés par des éléments tirés de la mystique du moyen âge y sont rapportés aux époques antérieures à l'introduction du christianisme et même précédant la naissance de Jésus-Christ. Il faut ranger dans cette classe les noms composés de Sion, comme : *Toma-Sion*, «jumelle de Sion» (1 B, 13); *Sion-Gezâ*, «Sion, son acquisition» (2 B, 7); *Sion-Ḥĕgĕz*, «cils de Sion» (2 C, 10); *Kuelû-la-Sion*, «tout à Sion» (2 C, 5). Sion est l'appellation mystique et solennelle de la Vierge, et l'on sait combien le culte de la Madone est répandu en Abyssinie. Enfin des noms propres à formation amharique figurent dans les listes des premières époques; tels sont : *Warada-Nagâch* (1 B, 10); *Ekla-Wĕdĕm* (3 B, 13); *Djân-Asgad* (2 C, 9). Or la prépondérance de la race amhara sur l'élément antique des Agâzi sémitiques est dans tous les cas postérieure au xe siècle de l'ère chrétienne; donc les personnages qui ont porté ces noms, s'ils ont existé, ne peuvent pas avoir vécu à l'époque que les annalistes leur assignent.

Le lecteur se demandera assurément si, après tant d'erreurs et d'inexactitudes que notre examen a fait ressortir, il ne serait pas logique de considérer ces listes comme des compilations, voire des fabrications exécutées par quelque historiographe à la solde d'un roi d'Amhara. A cela je réponds : Compilation oui, fabrication non; l'auteur ou les auteurs de ces listes ont recueilli des renseignements de toutes mains, mais ils n'ont pas inventé les personnages; il n'y a pas en conséquence de falsification réfléchie, et ces anachronismes mêmes que nous venons de signaler fournissent la meilleure preuve que la réflexion n'a pas présidé à leur œuvre. Je comparerai volontiers les listes éthiopiennes aux généalogies du Chah-namé, avec cette différence à l'avantage des premières que les formes sémitiques ne s'altèrent pas d'une façon aussi méconnaissable, comme c'est le cas pour le persan moderne, et l'on peut être sûr que, sauf quelques fautes de scribe, les noms de nos listes ont conservé leur forme première. Bref, les listes éthiopiennes, à peu près sans valeur pour la question de chronologie et d'origine, ont néanmoins gardé un bon nombre de noms anciens, tantôt isolés, tantôt réunis en petits groupes, qu'on peut regarder comme ayant effectivement été portés par des monarques d'Aksum. Mais, je le répète, fonder l'histoire de l'Abyssinie sur la chronologie d'une pareille compilation est une œuvre ingrate qui ne peut qu'entraver les recherches sérieuses.

Il est une autre question qui réclame aussi notre attention. Dans ces derniers temps, on a regardé les Éthiopiens comme appartenant à une race aborigène de l'Afrique. L'antique civilisation de ce pays serait d'origine kamitique, comme les rois d'Aksum antérieurs au christianisme. En se fondant sur cette hypothèse, on a cru voir dans les noms des anciens rois, dont les formes sont plus ou moins inusitées dans le gueez moderne, des termes kamitiques, et c'est dans ce système qu'un savant éminent a essayé d'expliquer les noms inscrits sur les monnaies d'Aksum [1].

Pendant mon séjour en Abyssinie, j'ai eu l'occasion d'acquérir une connaissance élémentaire de la langue des Falacha, qui est un dialecte de l'idiome kamitique ou *agaou*. Dans le pays des Bogos, j'ai également été à même de faire quelques comparaisons entre le *bilen* et le *falacha;* de sorte que je suis arrivé à la conclusion que ce sont deux dialectes

[1] M. A. d'Abbadie, *Observations sur les monnaies éthiopiennes*, à la suite de l'important article de M. Adr. de Longpérier sur les monnaies des rois d'Éthiopie, dans la *Revue numismatique*, nouvelle série, t. XIII, 1868.

d'une même langue, ne différant entre eux que par des provincialismes[1]. Or je puis dire qu'aucun des noms des listes royales n'a une ressemblance appréciable avec des expressions *agaous*. Dans ces dialectes manquent plusieurs lettres sémitiques, telles que *aïn, q, th, h,* tandis qu'ils possèdent plusieurs articulations qui font défaut dans le gueez et même dans l'amharique, comme, par exemple, *gh, kh* et une lettre nasale. Il est probable que les populations kamitiques (non juives) de l'Abyssinie n'ont jamais essayé de mettre leur langue par écrit, de sorte qu'il est d'autant plus difficile d'admettre qu'elles aient représenté l'ancienne civilisation éthiopienne. Elles semblent n'avoir même pu arriver à se créer une forme polythéiste quelque peu avancée, et leurs congénères modernes se bornent à l'adoration des arbres et des fleuves.

Il me paraît donc plus naturel d'attribuer la civilisation éthiopienne aux Sémites du Yémen, immigrés en Afrique à une époque que j'essayerai de circonscrire dans la seconde partie de ce mémoire. Ils y ont apporté le culte sabéen et l'écriture himyarite, deux éléments de civilisation qui, plus tard, furent modifiés par l'influence de l'hellénisme et des religions bibliques. Cette manière d'envisager l'origine du peuple abyssinien sera corroborée par les légendes des monnaies, à l'examen desquelles je me hâte d'arriver.

Je me propose d'étudier d'abord les monnaies à légendes grecques, qui sont les plus anciennes, puis celles qui portent des caractères éthiopiens. Je n'hésite pas à préférer les monuments épigraphiques et numismatiques aux listes royales, dont j'ai déjà caractérisé l'incertitude. A ce sujet je me permettrai de rappeler la distinction qu'on doit établir entre les manuscrits éthiopiens qui nous sont parvenus et les inscriptions aksumitaines. Les copistes, depuis longtemps déjà, ont affaire

[1] Voir mon *Essai sur la langue agaou, dialecte des Falacha*, paru dans les Actes de la Société philologique, Paris, 1873.

à un idiome mort. Les Abyssins modernes, surtout les Amharas, ne sont plus capables de distinguer les nuances des sons gutturaux et des sifflantes si variées de la langue gueez. De ceci il résulte une dictée très-confuse, qui produit une orthographe fautive. Mais, au temps où les médailles furent frappées, la situation était toute différente. Non-seulement on parlait le gueez à Aksum, on y traduisit la Bible, les écrits des Pères de l'Église, et l'on y composa toute la liturgie, mais encore on essaya d'y adopter la culture du grec, et de mettre par cet intermédiaire les souverains de l'Éthiopie en relations avec l'Occident. Ne devait-on pas alors apporter un soin tout particulier à transcrire fidèlement les noms royaux? Même en admettant, ce qui est à prouver, que les Éthiopiens d'alors fussent aussi ignares que leurs descendants d'aujourd'hui, est-ce que les rois aksumitains ne pouvaient trouver des artistes grecs, parmi tous les étrangers que le commerce attirait chez eux, pour faire graver leurs monnaies? Il n'existe donc aucune raison pour suspecter les légendes monétaires, et tout nous autorise à y trouver la fidèle représentation de la prononciation indigène, autant qu'il est possible de l'exprimer avec l'alphabet grec.

LÉGENDES EN CARACTÈRES GRECS.

N° 1 (1868, pl. II, n°s 1 et 2). ΒΑCΙΛΕΥC ΑΦΙΛΑC. Buste. — R. ΒΙCΙΔΙΜΗΛΗ ΑΞΩΜΙΤΩΝ. Buste. — M. le docteur Rüppell lit le nom royal ΑΦΙΔΑC, *Aphidas,* et y voit une imitation grecque de Ela-Ameda, qui se trouve dans les listes. M. de Longpérier remarque avec raison que ce rapprochement ne s'appuie que sur la ressemblance des syllabes ame et aphi, et que l'on n'aperçoit pas trace de barre horizontale au caractère antépénultième; il faut donc lire Aphilas. M. d'Abbadie signale l'existence d'un nom Akilas ou Aqilas chez les Tigréens. Mais comme, pour lire ce nom sur la monnaie, il faut admettre un mélange de lettres grecques et éthiopiennes, car c'est dans l'alphabet gueez que le caractère ቀ se prononce *q*; le rapprochement ne me paraît pas satisfaisant. Ce savant rappelle, de plus, que les rois qui portent dans les listes le nom Ela-Ameda sont tous postérieurs à l'introduction du christianisme en Éthiopie, tandis que le roi Aphilas n'est évidemment pas chrétien. Venons à la signification de ce nom. M. d'Abbadie, qui considère les anciens Éthiopiens comme appartenant à une race aborigène, attribue à ce nom une origine kamitique ou agaou, mais n'en donne pas l'interprétation. Je me permets de le faire dériver de la racine ሐፈለ, *hafela*, encore usitée en arabe حفل dans le sens de *congregatus fuit populus*. Si l'on retranche la terminaison hellénique AS, il reste *Aphil*, offrant la forme du nom verbal, dont la seconde lettre radicale, qui reçoit en arabe la voyelle *i* فاعِل, *pha'il*, affecte en gueez une voyelle qu'on prononce tantôt *i*, tantôt *e*. Ainsi, en gueez, *Aphil(as)* signifie *congregatus populus* ou *congregans populum*. Le nom de ce souverain éthiopien correspond exactement à celui de l'auteur de l'Ecclésiaste קֹהֶלֶת, *Qohelet*, qui a le même sens en hébreu. Il est à peine besoin de remarquer que, sur les monnaies des bas temps, on ne peut trouver dans une légende grecque l'indice d'une aspiration.

Le revers de cette pièce présente un groupe de cinq syllabes gouvernant un ethnique d'Aksum, capitale du royaume. Ce groupe est BICIΔIMHΛH, que M. Rüppell avait transformé en BACI ΔIMHAN. Suivant lui, BACI serait l'abréviation de βασιλεύς, et ΔIMHAN représenterait le nom d'un roi himyarite converti au judaïsme, que les écrivains grecs et syriens nomment Dimion, Dimnus, Dunaan, formes que des auteurs modernes considèrent comme une altération du surnom arabe Dhou-Nowas. M. de Longpérier, au contraire, admettant judicieusement la légende telle qu'elle est, se refuse à y voir le nom de Dimian, et fait remarquer que ce prince a régné longtemps après l'époque où la médaille a été fabriquée. M. d'Abbadie a pensé que BICIΔIMHΛH pouvait signifier «parlement solennel». Cette explication, d'ailleurs si conforme aux usages du pays, laisserait obscur le nom qu'il faut donner au personnage représenté au revers de plusieurs monnaies. De plus, le mot *dimar,* que M. d'Abbadie signale comme ayant, en agaou, le sens d'assemblée, est bien emprunté au gueez, langue dans laquelle la racine ደመረ veut dire «réunir, assembler». Cette racine existe également en hébreu, et elle est entrée dans la formation du nom de la ville de Palmyre תַּדְמֹר (*Tadmor*), c'est-à-dire réunion (des caravanes). Si le second élément est sémitique, le premier doit l'être également. Si donc je reconnais dans BICI la fidèle transcription du gueez si usité ብእሲ, élément qui entre dans la composition des noms royaux ብእሲ ፡ ሠርቅ (*Bĕĕse-Sarq*) et ብእሲ ፡ ጸዐዛ (*Beese-Tsaweza*), je trouve un mode de formation analogue à celui des noms hébreux איש טוב (*Isch-tob*) «homme de bien» (II Sam. x, 6, 8), איש בשת (*Ischbo-schet*) «homme de honte» (II Sam. II, 8, 10, 12). Je comparerai encore cet élément au ־ד, équivalent de l'arabe ذو dans les noms himyarites. Mais le sens de ΔIMHΛH est plus difficile à pénétrer. En admettant avec M. d'Abbadie le changement très-probable de R en L, je suis très-porté à admettre le sens de ደመረ et à considérer BICIΔIMHΛH comme signifiant l'homme de l'assemblée ou du sénat.

Un souvenir du nom d'Aphilas s'est peut-être conservé dans la forme ፌለያ, *Philya,* que la liste A nomme au n° 16 de l'époque préchrétienne, et que la liste B de cette même époque écrit ሰፌለያ, *Saphélya.* Cette dernière forme peut se réduire à ሐፌለ(ያ), en supposant une légère altération. De même, le nom Dimêlê-Dimârê peut, sans grand effort, être rapproché de ደግዜ, cité dans la liste A de la deuxième époque au n° 9, car les scribes ont pu confondre les lettres ሀ et ለ, qui se ressemblent beaucoup. Ces rapprochements tendent à confirmer la pensée que nous avons émise au début de ce travail, savoir : que les listes d'Aksum ne sont pas tout à fait inutiles pour rétablir l'ancienne orthographe éthiopienne.

M. de Longpérier, en signalant l'existence de flots autour du buste d'Aphilas, s'en étonne à cause de l'absence d'un cours d'eau auprès d'Aksum, et M. d'Abbadie, pour répondre à ce scrupule, a fait observer qu'il existe près de la ville une mare qui, autrefois, était plus considérable, et il fait dériver le nom d'Aksum du kamtiga *Akuisim* « vase à eau ». Ce symbole ne se trouverait que sur des monnaies des rois païens. Mais je remarque que, sur les monnaies 1 et 2, le roi Aphilas tient une épée, et, cela lui donnant un caractère de guerrier, on peut supposer que, lorsque les monnaies furent frappées, il venait de faire une heureuse expédition sur mer ou aux bords d'un fleuve. Le personnage représenté au revers, avec un rameau à la main, aurait, au contraire, un caractère tout pacifique. En ce qui concerne le nom de la capitale, Aksum, je ne vois aucune nécessité d'en chercher l'origine ailleurs que dans l'arabe أكسوم, *aksum* « endroit entouré de jardins », qualification qui lui convient encore de nos jours.

N° 2 (1868, pl. II, n° 3). + BAC + CIЧ + BAX + ACA. Buste royal. — R. + IAN + AAΦ (de gauche à droite) + CIB + Ч(Ɱ)Є (de droite à gauche). Buste. — M. Rüppell avait vu dans cette légende le nom du roi Asahel. M. de Longpérier a proposé la leçon BAC·CIN·BAXACA. M. d'Abbadie croit que BACCIN peut avoir été mis pour BACIΛ par des monnayeurs ignorants, et qu'il faut lire le nom d'un roi Βάχασα, dont l'origine serait kamitique. Au revers, il voit dans les mots IAN AAΦ, *Jan af* « l'éléphant qui souffle », un nom de guerre. Ce savant croit pouvoir identifier le mot *Jan*, qu'on emploie encore aujourd'hui en s'adressant au souverain, avec le mot *Jana*, qui signifie «éléphant» dans les cinq langues kamitiques parlées en Abyssinie. Les mots CIԿ NME seraient la transcription quelque peu altérée de *siv nama,* c'est-à-dire *prælio dictus.* L'ensemble de la légende voudrait dire : «Le roi Bakasa, dont le nom de guerre est Jana Af». Mais M. d'Abbadie ne propose cette interprétation que comme une hypothèse.

Je dois dire que, dans les dialectes agaou autres que le falacha, l'éléphant est appelé *Gana* avec G dur, conservé aussi dans le gueez ዝሆ, probablement formé par métathèse de ce même Gana. Le mot aurait dû être transcrit ΓANA, et non IANA. Toutefois le nom vulgaire de l'éléphant en Éthiopie est, suivant les provinces, *dokon, sokon, zokon, zohon, dohon,* terme emprunté à la langue des Chohos, qui donnent au village Artiko, en face de Massaoua, le nom de Dokono ou Dohono, à cause des éléphants qui existaient jadis dans une forêt voisine. On verra plus loin que le mot *choho* était également usité en gueez avec sa double prononciation. Quant au titre *Djani,* qu'on emploie en s'adressant au souverain, il me paraît dépendre directement du gueez ደያኒ, *Daïani* «juge», qui, prononcé rapidement, devient *Dyani, Djani, Djan.* Il s'emploie surtout lorsqu'on demande justice; en toute autre occasion, on dit *guêta* «seigneur». Je propose d'introduire une simplification dans la lecture de la légende du revers. En prenant les caractères du demi-cercle de gauche dans le même sens que ceux du demi-cercle de droite, on obtient CIB ԿωE. Comme le caractère N paraît avec sa forme ordinaire dans IAN, je ne crois pas que Կ doive être pris pour l'N éthiopien, bien qu'il en ait l'apparence. Je suppose que c'est plutôt un caractère que les artistes ont employé pour exprimer le son guttural *ḥ* propre à l'idiome gueez et inexprimable par les caractères grecs. Le signe Կ me paraît être abrégé de la lettre éthiopienne ኅ, dont la prononciation dans la bouche des Abyssiniens ne diffère presque pas du ሐ. Ainsi donc, le groupe

CIϦ se prononcerait *Siḥ*, et, comme le mot suivant BAXACA rappelle sans effort le verbe actif arabe بخس «diminuer», il devient probable que le mot abrégé *siḥ* forme un complément direct. Je lis le nom entier *siḥtata-baḥasa* **ስሕተተ፡በኅሰ**, dont le second élément est le plus important, et se retrouve, en effet, dans les listes royales, sous la forme peu différente **በሐሰ**, parmi les rois prétendus antérieurs à la naissance de Jésus-Christ, au n° 8 (liste A). Ici nous avons pour la première fois un exemple d'abréviation; le revers de cette pièce nous en fournira deux autres exemples. La légende manifestement éthiopienne IA-NAAΦCIBϦωE se compose, à ce que je crois, de trois mots du gueez le plus pur *iâna(beb) aph(uya) sibḥoe* (**ያነበብ፡አፉየ፡ስብሖ**) «ma bouche récite des louanges»; ce pieux dicton est tout simplement calqué sur Psaumes, XI, 17. Naturellement, le signe Ϧ désigne la gutturale, comme dans la légende du droit. L'infinitif **ስብሖ** remplace l'appellatif commun **ስብሐት**, et se trouve aussi dans Psaumes CXLVI, 1, et dans la *Vita sanctorum.*

N° 3. OYCAC BACIΛEYC. Buste entre deux épis. — R. + ΘEOY + EYXA. Buste entre deux épis. Or. — Cette pièce est encore inédite; M. Miles d'Aden l'avait obtenue d'un Arabe et m'en fit cadeau à mon retour du Yémen; elle est à présent en la possession de M. Ad. de Longpérier. Elle ressemble, par son type, aux monnaies d'Aphilas et de Bakhasa, ce qui m'a déterminé à la classer immédiatement après elles. Dans tous les cas, elle est plus ancienne que la pièce n° 4 de la planche II jointe au mémoire de M. de Longpérier. Le nom du roi est écrit très-lisiblement OYCAC, et rien n'autorise à suspecter cette légende. Les listes d'Aksum ne mentionnent aucun monarque de ce nom dans l'époque chrétienne; mais, parmi les négous réputés préchrétiens, je trouve dans la liste B, n° 11, un nom **አውስያ**, *Auseyâ,* qui peut bien être un souvenir un peu effacé du nom authentique conservé dans notre légende.

En comparant entre elles les formes sous lesquelles ce nom se présente dans les deux sources, on arrive à une forme primitive አውስ, *aus*, qui se retrouve très-souvent chez toutes les populations de la péninsule arabe, depuis les Nabatéens jusque dans le Ḥadramaout. Le mot אוס « don » répond au terme מתן ou מתן, מתת des idiomes du nord; ainsi, les noms hébréo-phéniciens אל נתן, מתנבעל correspondent avec les noms אל אוס, אוסעתת des inscriptions sabéennes.

La légende du revers se complète facilement en Θεοῦ εὐχαριστία « grâce de Dieu », dicton pieux et tout à fait biblique.

N° 4 (pl. II, n° 4). + BACIΛI AZωMI (*sic*). Buste entre deux épis. — R. + ΓЄ + PC + Є + M. Buste entre deux épis. Or. — La légende du droit atteste déjà la décadence du grec, tant dans la forme des caractères que dans l'orthographe des mots; BACIΛI est écrit au lieu de BACIΛЄ(YC) et AZωMI pour AZωMI(TωN). Le revers offre le groupe ΓЄPCЄM, que mes prédécesseurs avaient considéré comme un seul mot. Le P. Boré y voit le nom hébreu *Gersom* גֵּרְשֹׁם (Exode, II, 22); M. de Longpérier rappelle le verbe جرشم « convaluit post morbum », et M. d'Abbadie ne serait pas éloigné d'y trouver une allusion à un changement de politique dans la voie de l'absolutisme. On peut dire que l'existence, dans les noms éthiopiens, d'une racine quadrilitère serait jusqu'à présent un fait isolé; elle est d'autant moins vraisemblable que le verbe جرشم prend aussi la forme برشم, dont l'origine persane n'est pas douteuse. Du reste, le verbe جَرْشَمَ devait se transcrire ΓAPCAM avec deux A, car le son A est de rigueur dans le parfait et ne devient jamais Є. Je me permettrai donc de proposer une autre leçon de cette légende. Les pièces précédentes ont fourni plusieurs exemples d'abréviations; je crois que nous sommes ici en présence d'un fait semblable. Je sépare ainsi le groupe en question ΓЄP + CЄM, ce qui se complète aisément en ΓЄPMA CЄM, ou, en caractères éthiopiens, ግርማ ፡ ስም, signifiant « crainte du nom (divin)». Les noms formés avec *Germa* sont usités encore aujourd'hui en Abyssinie; les listes royales connaissent aussi des composés de cette nature. La liste B mentionne, parmi les successeurs de Bazên, deux noms : Germa-sor (n° 2[b]) et Germa-Safar (n° 3). Encore plus rapproché de la forme que nous discutons est le nom *Germa-seyum* ግርማ ፡ ሥዩም, qui figure dans la liste de la IV[e] période, au n° 4; en tout cas, la forme *Germa-Sem* porte une physionomie tout éthiopienne, et son authenticité ne peut pas être contestée.

N° 5 (pl. III, n° 1). +ΟΥΑΖΗΒΑϹ ΒΑϹΙΛΕΥϹ. Buste entre épis. — R. ΤΟΥΤΟ ΑΡΕϹΗΤΗ ΧΩΡΑ. Buste. — La leçon ΟΥΑΖΗΒΑϹ a été établie par M. d'Abbadie, qui rappelle avec raison que la leçon possible ΘΥΑΖΗΒΑϹ n'offre aucune forme sémitique ou africaine. En éliminant la terminaison grecque ΑϹ, qui se trouve aussi dans le nom d'Aphilas, il reste la forme *Ouazeb*, qui représente visiblement le participe actif du verbe وزب «fluxit(aqua)». Cette explication semble plus naturelle que l'étymologie proposée en vue d'une origine agaou. D'après M. d'Abbadie, notre Ouzebas répondrait à une forme kamtiga *wizava+s*, signifiant «par le sycomore». Les annales d'Aksum consignent probablement ce nom sous la forme de ወዘሐ, *Ouazeḥa*, qu'on peut considérer comme altéré de ወዘበ, *Ouazeba*. Il est vrai que, dans ce cas, le roi Ouazeha-Ouazeba ne peut plus avoir été le neuvième prédécesseur de Bazên, comme le veulent les listes royales d'Abyssinie.

La légende du revers porte distinctement les mots Τοῦτο ἀρέσῃ τῇ χώρᾳ «que ceci plaise, soit agréable au pays». Cette sentence me paraît être la traduction d'une formule éthiopienne qui se rencontre sur les monnaies à légendes gueez; nous en parlerons à l'occasion.

N° 6 (pl. III, n° 4). +ΑϹΑΕΛ. Buste royal ceint d'une couronne. — R. ΤΟΤΥΟ ΛΡΕϹΗ ΤΗ ΧΩΡΛ (*sic*). Croix au milieu du champ. — M. d'Abbadie attribue à ce nom une origine hébraïque עֲשָׂה־אֵל « dieu fit » (II Sam. xi, 18), et y voit un appui à l'assertion des chroniques éthiopiennes, que les rois d'Aksum professaient la religion juive avant l'introduction du christianisme. Il suppose même que la forme Ela Sahel des listes aksumitaines n'est que ce nom hébreu corrompu dans la prononciation des Agaou. On fera peut-être mieux de se tenir à la forme gueez *Asâhela* አሣሀለ « il a été miséricordieux », forme à laquelle se rattachent aussi les noms Abreha, Asbeha et beaucoup d'autres.

Le revers a la même légende que le numéro précédent, mais avec plusieurs transpositions, ce qui atteste que le grec n'était plus compris par les monnayeurs.

MONNAIES À LÉGENDES ÉTHIOPIENNES.

Les monnaies à légendes éthiopiennes sont assez nombreuses, mais ne montrent que quatre ou cinq types différents. La lecture des légendes n'est pas toujours sûre, à cause du mauvais état des pièces. Dans tous les cas, les noms royaux sont sémitiques et récusent tout rapprochement avec des mots propres à l'idiome agaou.

N° 7 (pl. II, n° 5). ወሐየገሰነ ንገሠአክሰመ. Buste ceint d'une tiare. — R. +ለ·መዘ+መ· ·ከ፡መለ. Croix dans un grènetis. Cuivre. — On reconnaît sans difficulté les termes ንጉሠ፡አክሱም « roi d'Aksum »; mais comment expliquer le groupe ወሐየገሰነ, qui doit représenter le nom du roi? M. d'Abbadie ne propose aucune étymologie pour ce groupe, qui, à première vue, fait penser à une racine quadrilitère. Je crois que, guidé par l'analogie des légendes grecques, on est autorisé à le décomposer en deux éléments. Je lis ወሐ[ሪ] ይግሠን. Le premier élément est l'adjectif très-commun መሐሪ, *meḥâri* « le miséricordieux », qui s'emploie encore de nos jours comme nom propre. L'autre élément ይግሠን est visiblement l'imparfait du subjonctif affecté du pronom, régime de la première personne du pluriel; le substantif ምገስ «grâce»; le tout signifie «que le (dieu) miséricordieux nous prenne en grâce», formation pareille au nom ይምርሀነ ክርስቶስ consigné dans les listes indigènes parmi les rois de la quatrième période et qui signifie «que Christ nous guide.»

La légende du revers est effacée en plusieurs endroits; je ne distingue pas les lettres lues par M. d'Abbadie; je m'abstiens, en conséquence, de tout essai d'interprétation.

N° 8 (pl. III, n°s 7, 8; pl. III, n°s 6, 7, 8). ነገሠ አርመሐ. Buste, la tête couronnée. R. ለአሐዘበ ፈሠሐ ለየከነ. Croix entre deux épis. — Ces légendes ont été parfaitement expliquées par M. d'Abbadie. Celle du droit donne les mots ንጉሠ አርመሐ, *negus Armeḥa*, «roi Armeḥa»; ce nom est formé comme l'*Asahela* du n° 6. La légende du revers se lit ለአሕዛብ ፈሥሐ ለይኩን, «que ceci soit un sujet de réjouissance pour les peuples»; c'est l'original de la formule *τοῦτο ἀρέσῃ τῇ χώρᾳ*, qui apparaît dans les monnaies à légendes grecques. Le nom d'*Armaḥ* figure dans les listes indigènes comme un des derniers rois de la dynastie aksumite.

N° 9 (pl. II, n° 9). ነገሠ. Buste, tête couronnée. — R. አለአጸ. Croix. — La légende du droit offre le titre ንጉሠ «roi»; celle du revers donne le nom propre dont les quatre lettres initiales sont placées entre les quatre bras de la croix. M. d'Abbadie lit *Ela Aï*, et rappelle les noms *Ela Aïga* et *Ela Aïba* des listes. J'incline à penser que la dernière lettre est plutôt un ጸ et qu'elle se distingue du የ par la base reposant sur une barre perpendiculaire, ce qui la rapproche de la forme sabéenne 𐩮. Je propose donc de prononcer *Ela Aṣ*, abréviation du nom très-connu *Ela Aṣbeḥa*, l'*Ellesbaos* des auteurs grecs. Il est bien entendu que la parité du nom n'implique pas l'identité de ces personnages; les annales abyssiniennes enregistrent plusieurs rois de ce nom.

N° 10 (pl. III, n° 9). **ለአሐዘበ ዘዘለ.** Buste, la teinte ceinte d'une tiare. — R. **ዘየዘ·ኘኘ**... Croix chargée en cœur d'une croix plus petite. — M. d'Abbadie lit **ለአሕዛብ ዘሀለየ** «celui qui pense au peuple»; mais il ne donne cette leçon qu'à titre d'hypothèse. Cependant l'avant-dernière lettre est distinctement un **ዘ**; la lettre effacée était probablement un **ፈ**; on a ainsi **ለአሕዛብ ዘዘለፈ** «celui qui avertit les peuples». Cette qualification est tirée d'Isaïe, II, 4.

La mutilation de la légende du revers ne permet pas de reconnaître avec certitude le nom propre qui précède le titre également endommagé **ንጉሠ** «roi». La seconde lettre de ce nom propre semble être un **የ**, malgré la barre médiane. Je lirais volontiers **ዘያዝሐነ**, *Zaïazḥana*, nom qui rappelle d'une manière frappante le *Saïazanas* des historiens byzantins; *zaïazḥana* signifie «celui qui apaise, tranquillise».

N° 11 (pl. III, n°s 10, 11, 12, 13). **ነገሠ ሐተዘ.** Buste royal de face, la tête ceinte d'une couronne. — R. **ለአሐዘበ ሠሀለ.** Croix dans un entourage quadrilatéral. — Le revers porte, selon M. d'Abbadie, **ለከሕዛብ ሥዑል** «fait pour le peuple». Je crois que l'avant-dernière lettre est un **ሀ**; je lis **ለአሕዛብ ሣሀል** «miséricorde au peuple».

On lit facilement sur le droit **ሐተዝ ንጉሠ አክሱም** «Ḥataz, roi d'Aksum». Il se peut que le nom *Ḥadaus* ou *Ḥadas*, porté sur les listes indigènes, soit un écho de la forme authentique *Ḥataz*.

Voilà tout ce qu'il nous reste de la numismatique éthiopienne; elle présente trop de lacunes pour que l'on puisse établir un système chronologique tant soit peu positif; mais, du moins, elle contribuera, à ce que je crois, à renverser les calculs et systèmes historiques ou ethnographiques qui se fondent sur la tradition abyssinienne consignée dans les annales d'Aksum. On reconnaîtra enfin que les faits principaux annoncés par ces annales : l'origine salomonienne de la dynastie aksumitaine, l'existence du judaïsme à Aksum avant l'introduction du christianisme, enfin l'origine non sémitique de plusieurs monarques, ne reposent sur aucune tradition sérieuse, et qu'ils sont contredits par les documents authentiques. Ce résultat n'est pas purement négatif, car ces mêmes documents nous offrent aussi un bon nombre de faits qui peuvent servir de jalons pour reconstruire la vraie histoire de l'Abyssinie. Du reste, certaines questions d'un grand intérêt vont recevoir, à ce que j'espère, une solution satisfaisante dans la seconde partie de cette étude, à laquelle je me hâte d'arriver.

§ 18. — LA NOTION DE L'IMMORTALITÉ DE L'ÂME DANS L'INSCRIPTION D'ESCHMOUNAZAR.

La notion de l'immortalité de l'âme, que j'ai signalée naguère dans l'inscription d'Eschmounazar, vient d'être remise en doute par un mémoire très-remarquable, lu à l'Académie dans la séance du 28 février 1872 et relatif aux croyances *eschatologiques* des anciens Hébreux. Le savant auteur cherche à démontrer que la leçon בֶּן אַל־מַת «digne de l'immortalité», admise par moi dans les lignes 3 et 13 du texte de Sidon, est insoutenable, par la raison que l'expression correspondante en hébreu אַל מָוֶת, qu'on lit dans Proverbes, XII, 28, repose sur une fausse ponctuation; que la composition אַל־מַת répugne au génie de la langue hébraïque, et que, en outre, toute la littérature biblique antérieure à l'époque d'Alexandre, s'oppose à la pensée que l'ancien hébreu ait possédé un terme particulier pour l'immortalité. L'auteur propose ensuite une autre interprétation des passages phéniciens susindiqués, et arrive à la conclusion que l'épitaphe d'Eschmounazar ne contient aucune allusion à la croyance spiritualiste de la vie d'outre-tombe.

Malgré la gravité du sujet et l'autorité incontestable du

savant académicien, je me permettrai de faire quelques observations. La science, j'ose l'espérer, sera assez indulgente pour les considérations qui lui sont soumises en toute humilité et sans parti pris. On peut, tout d'abord, se demander s'il n'y a pas d'inconvénient à faire, comme certaine école philosophique le fait de nos jours, du dogme de l'immortalité de l'âme une question de race. Cette croyance se trouve sous une forme plus ou moins grossière chez les peuples les plus abrutis du globe, depuis les Esquimaux de la terre Grinnel jusqu'aux Papouas de la Nouvelle-Hollande; pourquoi les Sémites seuls l'auraient-ils ignorée? J'avoue ne pas comprendre ceux qui regardent la notion de la survivance après la mort comme une conception très-élevée qui exige un grand effort de réflexion. L'universalité de cette notion la caractérise, au contraire, comme un simple sentiment résultant de l'instinct de conservation, de durée, qui est inné chez toutes les espèces vivantes. Elle est la naturelle expression de l'individualité de l'être humain, du *moi*, et le point de départ de la conception de Dieu, conception qui n'est que la transposition de l'individualité humaine sur une individualité d'un ordre supérieur. Voilà pourquoi on trouve la notion de l'immortalité chez des peuples qui ont peu ou point de connaissance de Dieu. Or on ne peut pas nier que la conception de Dieu ne soit, chez les Sémites, au plus haut degré individuelle et absolue. Les dieux sémitiques n'accusent pas seulement la distinction du sexe, mais se caractérisent comme des individualités fortement déterminées. Chaque tribu, chaque ville a au moins un dieu qui lui est propre, son Baal particulier : *Melqart, Astarté, Kamosch, Milkom, Kozé,* sont respectivement les divinités de Tyr, de Sidon, de Moab, d'Ammon et d'Édom. Ce particularisme dans la conception de Dieu est le reflet du puissant sentiment d'individualité qui distingue les Sémites, et l'on veut que cette race éminemment subjective ait ignoré la notion de la survivance après la mort, qui est l'expression à la fois la plus simple et la plus énergique de cette subjectivité? Évidemment ce n'est pas possible. Je le répète, la notion de la survivance n'est pas une affaire de réflexion, mais un sentiment instinctif; tout dépend de la manière dont la vie future est conçue; c'est ici que les divergences s'accentuent et que l'état intellectuel de chaque peuple devient décisif. La réflexion, guidée par l'expérience, est, à vrai dire, défavorable à ce sentiment; mais la conscience humaine aura toujours horreur du néant, les Sémites encore plus que les autres races, car chez eux le suicide est un phénomène très-rare.

On entend souvent dire : Les Sémites n'ont pas conçu le dualisme de notre personne, puisque dans leur idiome le mot נֶפֶשׁ « âme » signifie proprement *respiration, haleine*. On peut ajouter que ce mot signifie aussi *sang;* le sang est la *nephesch*, dit un ancien auteur hébreu (Deuter. XII, 13); mais l'étymologie prouve une chose, c'est que la langue hébraïque, comme tout autre idiome humain, procède du matériel à l'idée abstraite, ce que personne ne met en doute. Est-ce que l'expression grecque ψυχή ne signifie pas proprement *respiration, souffle?* Est-ce qu'elle ne s'emploie pas dans le sens de *sentiment, personne*, et même dans celui de *sang*, comme le mot hébreu *nephesch?* Au contraire, ψυχή désigne aussi la substance d'un être inanimé. Lucien dit : Ἡ ψυχὴ τῆς κολοκυνθίδος, ce qui ne se dira jamais en hébreu. D'ailleurs, le principe indestructible, immortel, n'est pas désigné par le mot *nephesch*, mais par le terme רוח (au propre, *vent, air*), dont l'opposé est בָּשָׂר, *chair, corps*. L'hébreu dira toujours רוּחַ יהוה, l'esprit de Jahwé, non pas נֶפֶשׁ יהוה, parce que Dieu est immortel, indestructible. Le רוח est un principe vivant sans le secours de la matière; il se montre à l'homme endormi ou en état d'extase, et agit sur sa faculté intellectuelle pendant que son corps reste dans une prostration complète (Job, IV, 12-15). Le dualisme de la matière et de l'esprit est donc un fait certain dans les conceptions sémitiques.

En second lieu, comment sait-on seulement que la croyance à la vie future faisait défaut chez les peuples de race sémitique, dont la littérature nous est presque inconnue? On répond : Par les écrits bibliques, dans lesquels le dogme de l'immortalité ne joue aucun rôle. Voilà, à mon avis, le second inconvénient, qui n'est pas moins embarrassant que le premier. Les écrits bibliques se donnent eux-mêmes pour l'œuvre d'une école monothéiste qui avait pour but de détruire la religion populaire que les Hébreux avaient en commun avec les Phéniciens et les autres nations environnantes. Les Hébreux, tout comme les Phéniciens, adoraient plusieurs dieux; ils faisaient des offrandes aux mânes (Deut. XXVI, 14; Psaumes, CVI, 27), et pratiquaient la nécromancie. L'école de Moïse considérait ces pratiques comme des abominations, et les punissait de mort. Les adeptes de cette école devaient naturellement avoir, sur la destinée de l'homme, des opinions très-différentes de celles de la masse du peuple. Si les écrits bibliques, qui appartiennent tous à cette école novatrice, doivent nous fournir des éclaircissements sur les notions religieuses des anciens Hébreux, ce sera certainement par les opinions qu'ils combattent et non pas par celles qu'ils soutiennent. Or les sacrifices aux mânes et les oracles des morts, qui ont prévalu chez les Hébreux jusqu'à la destruction du premier temple, en dépit des prédications des prophètes et des menaces du Pentateuque, ces pratiques si enracinées et si anciennes ne démontrent-elles pas que la majorité du peuple juif avait la ferme croyance que l'homme juste continue à vivre et à communiquer avec Dieu après la mort? En conséquence, quand on entend le roi Ézéchias, qui était un chaud partisan de l'école prophétique, s'exprimer ainsi dans son action de grâces à Jéhova en sortant d'une maladie : « Je croyais ne plus voir Jéhova dans la terre des vivants...., car le schéol ne te loue pas, la mort ne te célèbre pas; ceux qui descendent dans la tombe n'espèrent plus dans ta vérité, » on est en droit de présumer que, si un poëte populaire eût voulu mettre des considérations sur la mort dans la bouche d'un roi antimosaïste, tel que Jéroboam ou Manassé, il l'eût fait parler dans ces termes tout opposés : « Combien je suis heureux! je vois Jéhova dans le pays de la vie; le schéol m'a débarrassé de mon enveloppe terrestre, la mort m'a épuré et rendu digne de célébrer tes louanges, mon corps est descendu dans la tombe, mais mon âme, tu l'as élevée vers tes cieux magnifiques, pour contempler ta face et pour sonder tes vérités éternelles. » Eh bien, ce sont précisément ces aspirations qui sont clairement exprimées dans deux passages du texte funéraire d'Eschmounazar, dont la traduction n'a pas été contestée par mon contradicteur et sur lesquels je reviendrai tout à l'heure. Comme je viens de le dire, les dogmes religieux des Phéniciens ne différaient guère de ceux que professait le peuple hébreu, et la prière d'Eschmounazar, si je puis me servir du mot prière, donne la vraie portée des croyances *eschatologiques* qui couraient alors en Palestine. On a très-souvent interverti le rôle des écoles hébraïques, on a pris l'opinion des prophètes pour type des croyances nationales et primitives : c'est comme si l'on voyait dans les méditations de Sénèque l'échelle morale de la société romaine à l'époque de Néron. Les prophètes, les philosophes, travaillent pour l'avenir; s'ils ne sortent pas de leur siècle, ils ne le représentent pas non plus.

Ce que je viens de dire de la prière d'Ézéchias peut s'appliquer au livre de l'Ecclésiaste. Lorsque l'Ecclésiaste dit : « Qui sait si l'esprit de l'homme monte en haut et si l'esprit de la brute descend en bas, » et, lorsqu'il adresse au lecteur ces paroles de libre penseur : « Va, fais tout ce que tu peux faire, car il n'y a ni compte à rendre ni science à acquérir dans le schéol où tu vas aller, » on est en droit d'affirmer que ce passage suppose une croyance générale qui distinguait soigneusement l'esprit de l'homme de celui de la bête, et admettait que l'âme de l'homme mort va auprès de Dieu pour rendre compte de ses actions et pour approfondir la sagesse divine. Un peu plus tard, nous sommes en pleine époque alexandrine; que voyons-nous? Le même état de choses qu'auparavant. Nous trouvons la masse de la nation juive, représentée par les Pharisiens, soutenir la doctrine de l'immortalité avec toutes ses conséquences, tandis qu'une minorité infime et isolée, formant la secte des Saducéens, épousait la cause de l'Ecclésiaste et s'en rapportait en vain à l'autorité de l'Écriture sainte; son opinion, déclarée hérétique par la majorité, est condamnée sans retour. Ajoutons que, plus les Saducéens protestaient, plus le peuple s'abandonnait aux croyances mystiques. A aucune époque de l'histoire juive, on n'a vu en Palestine tant d'hystériques, de lunatiques et de possédés que durant la lutte de ces sectes. Dans le cours si agité de cette histoire de quinze cents ans, on aperçoit, à chaque pas, la constante réaction des croyances vraiment nationales contre le système des novateurs et du froid rationalisme.

En troisième lieu, il nous semble difficile d'admettre l'assertion péremptoire qu'on voit souvent se produire, à savoir que les notions de l'immortalité de l'âme, qu'on rencontre chez les Sémites aux époques rapprochées de l'ère chrétienne, sont dues à l'influence grecque et surtout aux œuvres de Platon. L'école de Platon n'était pas la seule à posséder des notions spiritualistes sur le sort de l'homme après la mort, les Égyptiens professaient une pareille doctrine depuis un temps immémorial : ne peut-on pas se demander si l'emprunt de ce dogme n'aura pas été fait plutôt à la religion égyptienne, dont il formait la base et le pivot; car, enfin, les doctrines qui régissent un grand pays et des millions d'individus se répandent plus facilement au dehors que les élucubrations d'une école, quelque importante qu'elle soit. Maintenant, si l'on considère le génie particulier des peuples sémitiques, on ne tarde pas à se convaincre qu'ils ont toujours eu un penchant marqué pour les doctrines égyptiennes. Les Araméens sont notoirement ceux qui ont fait aux Grecs le plus grand nombre d'emprunts; les mots grecs fourmillent dans la langue syriaque; la Syrie est devenue un royaume grec, et le culte hellénique y a dominé pendant des siècles; or, quand on regarde de près, on s'aperçoit bientôt que cet hellénisme est entièrement superficiel, et que l'établissement du culte grec en Syrie se réduit à l'assimilation des divinités syriennes aux personnages de la mythologie classique. Jamais on ne rencontre dans un texte araméen le nom de Jupiter, d'Hercule, etc. écrit en caractères sémitiques, tandis que les dieux égyptiens *Osiris, Ptah, Apis,* y figurent souvent. Le plus curieux de ces documents araméens à doctrines égyptiennes est sans contredit le monument dit *de Carpentras,* et, comme il est funéraire, il peut servir à démontrer combien les idées égyptiennes de la vie future étaient acceptées de bonne grâce par les Araméens au temps des Ptolémées. Cette inscription porte : «Sois bénie, Taba, fille de Taḥpi, prêtresse (?) du dieu Osiris; tu n'as commis rien de mal, tu n'as calomnié personne; ô pieuse, sois bénie par Osiris, de par Osiris sois honorée dorénavant (?), ô adoratrice, et, au milieu des fidèles, reste en paix!» Il faut donc reconnaître que, malgré l'hellénisation imposée aux peuples de l'Asie et au temps même où la puissance et la civilisation grecques sont arrivées à leur apogée en Égypte et en Syrie, les Araméens montraient une prédilection spéciale pour la religion égyptienne.

Quant aux Hébreux, qui ne sait que l'Égypte fut le laboratoire mystérieux de leur constitution nationale? Israël a passé sa jeunesse au milieu des rites égyptiens et dans un temps où la gloire des Séti, des Ramsès, pénétrait jusqu'aux extrêmes limites de la terre. La religion égyptienne était devenue celle des nomades israélites; en vain quelques *hommes de la parole,* des Nabiim, se cramponnant à l'idée de nationalité, s'élevaient de temps en temps contre l'abandon du culte des pères (Ézéchiel, xx, 5, 9); et, lorsque Moïse, apportant l'idée de liberté et de patrie, apparut au milieu de la multitude dégradée par un long esclavage et énervée par la mollesse de la religion dominante, il se vit subitement arrêté par un obstacle des plus sérieux : c'est que le Dieu national n'avait pas encore de nom (Exode, III, 13, 15). Ces premières impressions ne se sont jamais effacées chez les Israélites (Ézéchiel, XXIII) : le culte du veau, symbole d'Isis-Astarté, fut repris au désert, et finit par s'installer officiellement chez les dix tribus. Aux derniers moments du royaume de Juda, nous voyons le rite le plus caractéristique de la religion égyptienne, l'adoration des animaux sacrés, répandu parmi la classe la plus élevée de Jérusalem (Ézéchiel, VIII, 9-11). Après la chute de l'empire des Perses, les Juifs entrent en contact avec les Grecs; ce contact est au début très-amical et a pour résultat d'introduire dans l'usage beaucoup de mots grecs et surtout des noms propres. Mais la répulsion mutuelle ne tarde pas à éclater, et une lutte à mort s'engage entre les deux tendances inconciliables et se termine par l'expulsion complète de l'hellénisme hors de la Terre Sainte. Les Juifs d'Alexandrie, ne pouvant songer à vaincre le paganisme par la force, entreprennent une espèce de transaction avec l'esprit grec, mais avec l'arrière-pensée de l'absorber entièrement un jour; en Palestine, personne ne pensa à transiger : on était ou franchement grec ou franchement juif. Les ouvrages écrits primitivement en hébreu, qui nous restent de cette époque : l'Ecclésiaste, le Cantique, la Sagesse de Sirach, le livre d'Énoch et les sentences de quelques chefs célèbres des Pharisiens, n'offrent pas de trace de philosophie grecque; l'historien Josèphe affirme même que de son temps il y avait à Jérusalem très-peu de personnes sachant le grec. Mais, tandis que l'hellénisme était banni de la Palestine, quelle était la question brûlante débattue dans toutes les écoles juives? C'était le dogme de la résurrection des corps, que la majorité défendait contre une poignée de puristes, dogme dont l'origine égyptienne est maintenant hors de doute et qui est essentiellement contraire aux idées grecques; tant il est vrai que les idées religieuses des Égyptiens ont laissé une empreinte indélébile dans l'esprit du peuple hébreu jusqu'au dernier moment de son existence politique.

De la Palestine, passons en Phénicie. Le contact immédiat des Grecs et des Phéniciens en Asie était des plus hostiles; Tyr a résisté à l'invasion grecque jusqu'à la dernière extrémité, et, si Sidon s'est donnée au conquérant macédonien, c'est moins par sympathie que pour se venger des dévastations commises par Artaxerxès sur la cité. La fondation de la ville d'Alexandrie, qui ruina entièrement le commerce des Phéniciens, n'était certainement pas de nature à entretenir une amitié sincère entre ceux-ci et les Grecs. Une tentative de conciliation entre la religion phénicienne et celle des Hellènes n'a probablement jamais été faite; Philon de Byblos, le traducteur de Sanchoniathon, s'est borné à intercaler çà et là quelques remarques sur le sens des noms propres, mais il ne put ni gréciser tous les personnages de la cosmogonie phénicienne, ni rompre les liens qui les rattachaient à l'Égypte.

Dans les inscriptions phéniciennes, l'influence grecque est tout à fait nulle, on y découvre à peine un nom d'homme d'origine grecque; même les Phéniciens domiciliés à Athènes, qui portaient ordinairement deux noms, l'un grec, l'autre sémitique, évitaient scrupuleusement le premier aussitôt que l'inscription était rédigée dans l'idiome national, tandis que le nom sémitique figure souvent dans les documents rédigés en grec. Maintenant, quels sont les rapports des Phéniciens avec l'Égypte? Ils sont des plus anciens et des plus intimes. La conformité des idées religieuses de ces deux peuples est très-étroite. Un grand nombre de divinités de l'ordre le plus élevé se trouvent dans les deux religions, et se sont tellement assimilées au caractère national de chaque peuple, qu'il est parfois difficile de dire de quel côté vient l'emprunt. Ainsi, les dieux *Osiris, Ptah, Set, Thot,* reviennent dans les textes phéniciens sous une forme identique, témoins les noms propres *Abdosir, Abd-Ptah, Ṣediathon, Baaltot,* etc. Il serait aisé de multiplier les preuves de la faveur avec laquelle les Phéniciens adoptaient les croyances égyptiennes; contentons-nous de citer l'inscription de Madrid, où un Phénicien implore la protection d'Harpocrate (*Har-pe-Khreti,* Orus l'enfant), un des dieux qui composent la triade égyptienne.

Pour revenir à la question de l'immortalité chez les peuples sémitiques, tout nous porte à croire que, si cette doctrine avait manqué dans les anciennes religions sémitiques (ce que nous n'admettons pas), elle s'y serait introduite par les rites égyptiens que les Sémites voyaient se pratiquer sous leurs yeux chaque jour. Les monuments attestent, d'ailleurs, qu'ils étaient loin d'avoir de la répugnance pour cette doctrine et pour ces rites; et cela nous dispense de faire intervenir ici Platon, dont les écrits n'ont jamais été traduits dans un idiome asiatique, et dont le nom même n'est probablement pas venu à la connaissance des populations indigènes des pays sémitiques. Remarquons encore que le fond de la doctrine *eschatologique* de Platon, ainsi que celle des Pythagoriciens ses prédécesseurs, doctrine qui tranche singulièrement sur la conception vraiment grecque de l'Hadès comme demeure éternelle des ombres, a grande chance de provenir elle-même d'une source égyptienne. C'est du moins l'opinion d'Hérodote, qui ne manque certainement pas d'importance. « Les Égyptiens, dit cet auteur, prétendent que Cérès et Bacchus (Isis et Osiris) règnent sur les morts. Or ils sont les premiers qui aient parlé de cette doctrine selon laquelle l'âme de l'homme est immortelle et, après la destruction du corps, entre toujours en un autre être naissant. Lorsque, disent-ils, elle a parcouru tous les animaux de la terre, de la mer et tous les oiseaux, elle rentre dans un corps humain : le circuit s'accomplit en trois mille années. Il y a des Grecs qui se sont emparés de cette doctrine *comme si elle leur était propre,* les uns jadis, d'autres récemment. » Les nouvelles recherches de l'égyptologie confirment le jugement de l'historien d'Halicarnasse. M. Renan se prononce dans le même sens à propos du travail de M. Pierret; voici ses propres termes, remplis d'une sage réserve : « M. Pierret a étudié dans la religion égyptienne le dogme de la résurrection. Ses citations, empruntées au livre des morts ou rituel funéraire, prouvent, pour ceux qui en auraient pu douter, que l'origine ou, du moins, l'une des origines de ce dogme doit être cherchée en Égypte. Ainsi, la religion égyptienne semble prendre une place de premier ordre dans l'histoire du développement religieux du monde. Quelques-unes des croyances les plus essentielles de l'humanité semblent être venues de ce côté. » Il est presque superflu de remarquer que, dans la religion égyptienne, la résurrection n'est qu'une phase du dogme de l'immortalité, dont l'exposition minutieuse constitue le but principal du livre des morts.

Ce serait donc trancher trop vite la difficulté que d'affirmer *a priori* que la doctrine de l'immortalité de l'âme ne peut pas être mentionnée dans l'inscription d'Eschmounazar, par la seule raison que sa rédaction est antérieure aux conquêtes d'Alexandre. Les théories ne peuvent rien contre les faits. Il ne s'agit pas de savoir si la doctrine de l'immortalité peut se trouver chez les Phéniciens, mais bien si cette doctrine se trouve dans les termes de l'inscription d'Eschmounazar; la discussion n'aurait jamais dû sortir de là.

Que contient l'inscription d'Eschmounazar? Ce précieux reste de l'antiquité phénicienne est un document funéraire; il est gravé sur le couvercle d'un sarcophage d'un travail indubitablement égyptien. Il ne faut pas perdre de vue ces circonstances particulières; car, premièrement, si jamais des espérances de la vie future remplissent le cœur d'un peuple, elles trouvent leur place naturelle sur les pierres sépulcrales, qui marquent le lieu de repos d'un être humain ravi à l'amour des siens; secondement, le soin pris par la famille royale d'enterrer son chef dans un sarcophage apporté de l'Égypte et d'une forme particulière au rite égyptien est assurément un éloquent témoignage de la sympathie avec laquelle les idées égyptiennes étaient acceptées à Sidon; il n'existait donc aucune barrière qui eût pu empêcher la doctrine de l'immortalité de passer de l'Égypte chez les Sidoniens, si toutefois ceux-ci ne l'avaient déjà connue auparavant.

Après l'indication de la date du monument, vient un discours mis dans la bouche du roi mort et qui se divise en trois parties inégales, dont la première contient une série d'imprécations et de menaces de la colère des dieux, lancées par le défunt contre quiconque commettrait des spoliations sur sa chambre funéraire. Elle est enfermée entre deux phrases presque identiques, relatant certaines circonstances de sa vie passée et renfermant le mot *almout,* que j'ai cru, en le comparant au terme hébreu *al-mâvet,* devoir traduire par «immortalité.» La seconde partie fait mention de plusieurs fondations pieuses exécutées par le roi de son vivant, avec le concours de sa mère. Enfin, la troisième partie contient une récapitulation sommaire des imprécations formulées au commencement du discours.

Je ne m'explique pas assez pour quel motif on a pris ma citation du passage des Proverbes pour le point de départ de la savante étude sur le dogme de l'immortalité dans les écrits bibliques; on a ainsi donné lieu à penser que la discussion engagée concernait un point de théologie. Cette équivoque est fâcheuse, car elle a induit en erreur plusieurs personnes qui ne connaissaient pas suffisamment le vrai point en litige.

Je suis parfaitement d'accord avec l'honorable critique pour reconnaître que le canon des écritures hébraïques évite systématiquement toute allusion à la vie et aux rémunérations après la mort; je pense aussi que certains auteurs bibliques, comme l'auteur de Job et celui de l'Ecclésiaste, répudiaient ou révoquaient en doute cette consolante doctrine. Les docteurs du Talmud ne s'y sont pas trompés; ils appellent Job un homme juste qui ne croit pas à la résurrection : איוב כפר בתחית המתים. Là-dessus, l'opinion de saint Jean Chrysostome ne fait que confirmer celle des rabbins. J'ai déjà exprimé cette conviction dans mon commentaire hébreu sur le livre d'Énoch, rédigé en 1856. Je reconnais donc sans hésiter que le dogme de l'immortalité est loin d'être enseigné dans la Bible; je conteste seulement les conclusions qu'on en tire d'habitude, pour affirmer que tout le peuple hébreu, et même la race sémitique en général, n'avait jamais possédé pareille doctrine[1]. Je vois dans cette affirmation la supposition, difficile à justifier, que les auteurs bibliques représentent les tendances natives du peuple hébreu, voire même celles de la race entière. Ainsi que je l'ai dit plus haut, les croyances combattues par l'école monothéiste appartiennent précisément aux tendances caractéristiques de l'esprit

[1] Cette opinion ne doit pas être partagée par le savant auteur, qui déjà, en 1869, entendait comme moi les phrases parallèles וישרן אית עשתרת שמם אדרם et וישבני שמם אדרם (voir plus haut, p. 33, note). Il a même terminé son travail par ces considérations remarquables qui résument la thèse que je défends, et qui m'étaient malheureusement restées inconnues au moment de la lecture de cet article; voici ses propres paroles : « On comprend que le roi, près de mourir, parle d'abord de ..... et ajoute ensuite le vœu, restreint cette fois à lui seul, de monter après sa mort au ciel, et de goûter le bonheur que le paganisme a accordé à plus d'un héros de l'antiquité. » (*Journ. asiat.* 1868, p. 106, 107.) Rien ne me fait supposer que mon éminent contradicteur aurait depuis abandonné sa première opinion.

national des Hébreux et de leurs congénères; or, comme la doctrine de l'immortalité est tantôt passée sous silence à dessein, tantôt ouvertement combattue par certains partisans de cette école, il s'ensuit nécessairement que l'immense majorité de la nation israélite y était attachée depuis longtemps et de toutes ses forces. Ces considérations m'ont porté à penser que la croyance à l'immortalité de l'âme ne peut pas être péremptoirement refusée aux nations congénères des Hébreux, et surtout aux Phéniciens; il faut seulement la constater dans un monument authentique pour que cette possibilité se transforme en un fait réel.

En abordant ainsi, sans aucune prévention, l'étude du texte d'Eschmounazar, je n'ai pas tardé à remarquer que chaque énumération d'œuvres pieuses que fait le roi mort dans la troisième partie de son discours est toujours suivie d'une phrase exprimant l'espoir d'obtenir une récompense proportionnelle de la part des dieux. Les deux premières récompenses touchent son propre sort, et ont par conséquent un caractère essentiellement *eschatologique*. Voici la teneur exacte et textuelle de ces phrases :

1. (Car ma mère et moi nous avons construit un temple en l'honneur du dieu Melqart)... *et certes il nous fera contempler l'Astarté des cieux magnifiques.*

2. (Et c'est nous qui avons construit un autre temple en l'honneur du dieu Eschmoun)... *et certes il me fera habiter les cieux magnifiques.*

En face de textes si clairs et si explicites, peut-on hésiter un instant à déclarer que les Phéniciens connaissaient la doctrine de l'immortalité et qu'elle avait même acquis un haut degré de spiritualisme? Ne voyons-nous pas la ferme croyance que les hommes vertueux morts vont au ciel et jouissent de la présence de la divinité? Le texte ne laisse pas deviner si le ravissement dans le ciel ne concernait que l'âme seule, tandis que le corps restait dans le tombeau, ou bien si l'on croyait à une espèce de transfiguration, comme l'admettent certaines religions modernes; mais il est hors de doute que nous y trouvons clairement énoncée l'idée que tout ne finit pas avec la mort, que la vie individuelle et consciente d'elle-même continue après la mort et reçoit la récompense de ses actions, ce qui constitue le trait caractéristique de la doctrine de l'immortalité de l'âme. Je le répète, c'est sur l'autorité de ces textes que j'ai déclaré l'existence de cette notion dans les croyances phéniciennes. Cette autorité est irréfragable et d'une clarté parfaite pour quiconque juge sans parti pris. Aussi M. Levy a-t-il reconnu du premier coup le vrai sens du second passage dans ses *Études phéniciennes* publiées en 1856; sa traduction du premier passage laisse seule à désirer, comme je l'ai démontré dans mon commentaire.

Arrivons au mot *almout*. L'intérêt des passages dans lesquels je trouve l'expression abstraite d'immortalité est assurément très-secondaire, puisqu'ils n'ajoutent aucune idée nouvelle aux deux passages que je viens de citer *in extenso*. En admettant que le mot technique qui signifie immortalité ne s'y trouve pas du tout, le fait établi par le témoignage explicite des passages précédents n'en sera pas moins vrai. Ainsi, par exemple, la doctrine de l'unité, de l'incorporalité et de l'éternité de Dieu perce à travers chaque phrase du recueil biblique, et cependant les Hébreux n'ont jamais employé des mots techniques pour exprimer ces notions. Le débat sur ces passages est donc indépendant de la question principale et prend un caractère purement philologique. Pour y apporter plus de lumière, je vais confronter ici nos traductions respectives.

J'ai traduit :

(J'ai été emporté avant mon temps)... pendant mon élévation (מֵאָז רְמִי); (j'ai été) pieux (תַּם), fils d'immortalité (בֵּן אַל־מָוֶת).

Mon critique hésite entre les deux versions suivantes :

(Je fus emporté avant mon temps)... ; au moment de mon élévation (au trône), j'étais orphelin (יָתם), fils d'une veuve (בֵּן אַלְמַת).

Ou bien : Au moment de mon élévation (au trône), j'étais simple (enfant) (תם) fils d'une veuve.

La locution *orphelin, fils d'une veuve*, offre certains avantages; elle a de fréquentes analogies dans les écrits hébraïques; aussi la plupart des exégètes allemands s'y sont-ils arrêtés, à quelques nuances près. M. Hitzig a déjà traduit : « verwaist ein Sohn des Witthums, » et M. Schrœder le rend par : « verwaist ein Sohn der Verlassenheit. » Si mon contradicteur n'adopte pas définitivement ces versions, c'est qu'il a reconnu tout le poids de mes objections contre la leçon du mot יָתם « orphelin », c'est que le yod mis en tête de ce mot appartient infailliblement au groupe précédent, qui constitue les deux mots מֵאָז רָמִי « pendant mon élévation. » Je ne crois pas que l'auteur insiste sérieusement sur la théorie suivant laquelle une seule lettre peut servir pour deux mots à la fois, théorie démentie par tous les documents épigraphiques. Le mot יָתם « orphelin » n'existe donc pas dans notre passage. Il reste la seule version à opposer à la mienne, celle de « simple fils d'une veuve, » et dont l'impossibilité ressortira, je l'espère, des réflexions suivantes :

1. Un roi qui a régné quatorze ans avec une grande puissance se qualifiera difficilement de « simple (enfant) fils d'une veuve. » Une pareille humilité est tout à fait déplacée et n'a aucune raison d'être. Elle est en outre contredite par la phrase qui suit immédiatement, phrase qui rappelle avec ostentation la royale descendance du défunt, et dans laquelle sa mère, cette pauvre veuve, est intitulée reine (מלכת), fille de roi (בת מלך). Il est vrai que le savant exégète tend à rapporter l'attribut « simple enfant » au moment où Eschmounazar commençait à

régner, mais le terme מְאֹז indique la durée et non pas un moment passager; il faudrait pour cela בְּיוֹם ou בְּעֵת.

2. Le mot תָּם ne signifie jamais «simple» dans le sens d'humble ou d'ingénu. En hébreu, il forme antithèse avec רָשָׁע «impie» ou אַנְשֵׁי דָמִים «hommes sanguinaires»; il rend l'idée de *pius, integer, perfectus;* de même en phénicien, où la formule funéraire תם (תמא) בחים correspond à celle du latin : *pius* (*pia*) *vixit.* Il se rencontre aussi dans l'inscription araméenne que j'ai citée plus haut, où le terme תמה est parallèle avec פלחה, «adoratrice.» Encore une fois, partout où se rencontre le mot תם, il donne toujours l'idée de *piété,* d'intégrité, non celle de simplicité ni d'humilité.

3. La période qui énumère les diverses constructions élevées par le roi en l'honneur des dieux débute par la particule כִּ «car», et s'annonce ainsi comme étant la démonstration de ce qui a été mis en avant dans notre passage. Il est manifeste que la construction de nombreux temples ne démontre pas la simplicité du roi ni l'état de veuvage de la reine mère, mais bien sa grande piété et son mérite aux yeux des dieux, qualité qu'indique formellement, du reste, l'épithète נָחֹן «digne de la grâce divine»; comparez le nom hébreu נְחוּנְיָה.

4. L'élision du noun avant la terminaison du genre féminin n'est usitée que dans trois mots monosyllabiques, *bat* (fille), *schat* (an), *emet* (vérité), pour *banat, schanat, amenet,* dans lesquels le noun est radical; quand cette lettre est servile, l'élision n'a jamais lieu, donc «veuve» se dit *almenet* et non *almat.*

En somme, le passage débattu ne contient ni le mot «orphelin», ni le mot «simple», ni enfin le mot «veuve». La liaison des périodes ne permet pas non plus de penser qu'il y soit question d'un état de misère et d'humiliation, mais plutôt de la piété et des mérites du défunt. Il faut donc traduire «je suis pieux, fils d'*almout.*» Quelle est la signification du mot *almout?* Si le radical en était אלם, il pourrait signifier au besoin «mutisme»; mais une locution telle que «je suis pieux, fils du mutisme,» est si gauche et s'adapte si mal au récit relatif aux constructions religieuses, qu'il est impossible de s'y arrêter. Il reste la seule traduction de *immortalité*. Cette traduction a le double avantage de convenir parfaitement au contexte et de pouvoir se justifier par d'autres raisons. En effet, les fragments de Sanchoniathon attestent que les Phéniciens appelaient la mort *mout;* la négative אַל revient souvent dans notre texte même; la faculté de former un composé avec la négative est, en outre, prouvée par les formes hébraïques לֹא־אֵל (non-dieu), לֹא־עָם (non-peuple), etc. Ces preuves sont plus que suffisantes pour légitimer mon interprétation, et ce n'est que comme une confirmation de plus, que j'ai signalé l'existence du mot en question dans les Proverbes, XII, 18, sous la forme אַל־מָוֶת, qu'un grand nombre d'exégètes anciens et modernes traduisent par *immortalité*. Dans mon travail je n'ai pas même cité les termes de ce passage, qui n'a aucun intérêt pour mon sujet. Encore moins ai-je cherché à définir le genre d'immortalité auquel l'auteur hébreu fait allusion; je me suis borné à constater un mot identique en langue hébraïque. L'auteur du mémoire conteste l'authenticité de la leçon massorétique; il rappelle que la version des Septante n'offre pas le mot *immortalité*, «puis, dit-il, si la langue hébraïque avait dès le principe un terme si convenable pour exprimer la notion de l'immortalité, les philosophes juifs du moyen âge n'auraient pas employé l'expression toute neuve השארת הנפש.» Pour nous, ces faits ne sont nullement extraordinaires : le désaccord de la leçon des Septante avec celle de la Massore est fréquent, et, en général, le texte massorétique l'emporte au point de vue de l'exactitude. Quant à la terminologie métaphysique des Juifs du moyen âge, elle est une imitation servile d'expressions arabes, faite sans le moindre goût, voire sans connaissance suffisante de l'hébreu classique.

On nous propose de traduire ainsi : «dans le chemin de la justice est la vie, mais le chemin abominable (נִתְבָה pour נתעבה) ou bien le chemin du sentier tortueux (conduit) à (אַל) la mort (מָוֶת).» On trouve deux incorrections dans le texte : 1° le point du ה terminant le mot נתיבה manque dans les éditions; 2° la seconde moitié du verset ne commence pas par la particule ב qui figure au commencement. Mais on paraît perdre de vue que la nouvelle leçon présente des difficultés infiniment plus graves. Ces difficultés sont : 1° la chute supposée de la lettre aïn, ou, dans l'autre cas, l'équivalence prétendue de נתיבה avec l'expression «sentier détourné», tandis que ce mot est toujours employé dans le sens de sentier droit et commode; 2° l'omission du verbe «conduire», omission bien plus sensible que celle d'un point diacritique. Ajoutons que la nouvelle leçon n'a pas remédié à l'absence de la particule ב en tête de la seconde partie du verset; la particule y est aussi peu nécessaire, du reste, que l'antithèse, dont le défaut en cet endroit est invoqué pour prouver l'altération du texte. Pour se rendre compte de la construction de notre sentence, il suffit de lire, par exemple, les versets des Proverbes, III, 20; XI; 7; XIV, 28; XVIII, 3, dans lesquels il n'y a ni répétition de la particule, ni antithèse dans le second hémistiche. Le verset des Proverbes, XVI, 15, fera, je crois, disparaître la dernière ombre de scrupule, puisque sa construction est tout à fait identique à celle de notre passage. Mon critique va encore plus loin; il nie catégoriquement la possibilité de former un composé אַל־מָוֶת — אל־מת. Le motif allégué ne me paraît pas très-convaincant. On affirme que la négative אַל, étant exclusivement usitée avec le mode subjonctif, pareille à la négative latine *ne*, est incapable de former des noms composés, et la raison en est que ce mot, étant une simple inversion de la négative ordinaire לא (non), n'a aucune existence indépendante et isolée. Je regrette de ne pas partager cette opinion. La négative אַל, loin d'être la métathèse de לא, est un nom indépendant signifiant *néant* et dérivé de la racine אלל, d'où proviennent aussi l'hébreu אֱלִיל, *chose du néant, vaine, impuissante, idole*, et le syriaque אלילא, *faible, humble*, אלילותא, *faiblesse, impuissance*; אל est ainsi le synonyme de לא, qui dérive du radical לאה «être fatigué, impuissant». Je dirai plus : la négative אַל est formellement employée comme substantif dans Job, xxiv, 25; on y lit : מִי יַכְזִיבֵנִי וְיָשֵׂם לְאַל מִלָּתִי «qui peut me démentir et rendre à néant ma parole.» Mon contradicteur récuse cette preuve décisive, en assurant que la leçon massorétique est encore ici inexacte, altérée. La vraie leçon, selon lui, serait וישם לא למלתי. Je pense que les hébraïsants accepteront difficilement cette restitution.

Est-il besoin de rappeler que le régime direct est désigné, en bon hébreu, soit par la particule את, soit par la simple forme du nominatif, mais jamais par l'adjonction du lamed comme en araméen? Faut-il insister sur cette considération, qu'une phrase telle que וישם לא למלתי, formée comme le verset du Psaume cvii, 30, ישם נהרות למדבר, «il change les fleuves en désert,» signifierait infailliblement «et (il) changera le non en ma parole,» ce qui n'a aucun sens? Je regrette d'avoir à défendre une leçon irréprochable contre des soupçons si peu fondés et soulevés dans le seul but d'effacer le mot אַל־מָוֶת du passage des Proverbes.

En conséquence, je crois avoir établi que la saine critique n'a aucun motif pour suspecter les passages de Job et des Proverbes. Ce dernier passage contient bien le mot אַל־מָוֶת «immortalité»; mais, comme je l'ai dit plus haut, il ne peut pas servir d'argument en faveur de la thèse que la croyance à l'immortalité de l'âme, telle que nous l'entendons, est un dogme biblique, parce que l'auteur de la sentence a pu prendre ce mot dans un sens différent de celui qu'il avait dans l'usage populaire. Quant au passage phénicien examiné par mon éminent contradicteur, je persiste à croire que la version que j'ai exposée reste intacte; la seule traduction possible est : *je suis pieux, fils d'immortalité.* J'ajoute une observation : une formule analogue à celle-ci se trouve dans un texte funéraire néo-punique appartenant à une femme et ainsi conçu : תמא בחים (= מאשרת) מהשערת «pieuse en vie, bienheureuse»; ici l'adjectif *bienheureux* répond à l'expression *fils d'immortalité* du document d'Eschmounazar. On peut dire que la plupart des formules funéraires qui sont en usage dans les religions bibliques étaient connues des Phéniciens; citons entre autres les expressions : *maison éternelle* (bet olam) et *qu'il entre en paix* (schalom yabo). Je rappellerai enfin les remarques contenues dans mon article *sur certaines formules funéraires propres aux inscriptions néo-puniques.*

Je résume mes conclusions :

1. Il faut se garder de faire de la croyance à la vie future un trait caractéristique d'une race. Cette croyance est inspirée par l'instinct de conservation et de durée, qui ne manque à aucune créature humaine; elle est tout intuitive et de beaucoup antérieure à la croyance en Dieu, qui exige déjà un certain exercice de la réflexion. La race sémitique, avec son individualité fortement tranchée, avec son idée de Dieu absolue et définie, pouvait encore moins que toute autre race se passer de cette croyance, qui est à la fois la plus simple et la plus forte expression de l'individualité humaine, et sans laquelle la conception d'une individualité divine est tout à fait impossible. Cette considération est confirmée par le fait que les langues sémitiques possèdent un terme pour désigner le principe immortel et indestructible de notre personne. Ce terme est רוּחַ; il forme antithèse avec le mot בָּשָׂר «chair, corps», qui indique la partie périssable de l'homme.

2. Les peuples sémitiques étaient, depuis une antiquité très-reculée, en contact ininterrompu avec la religion égyptienne,

dont ils ont accepté un grand nombre de notions, qui sont devenues partie intégrante des croyances nationales. Une doctrine aussi consolante que celle de la rémunération après la mort, et qui faisait notoirement la base des rites égyptiens, aurait été avidement adoptée par les Sémites, si leur propre religion ne l'avait pas déjà développée. Dans tous les cas, les Sémites ne doivent pas cette doctrine aux Grecs, pour lesquels ils nourrissaient une haine implacable. Les Sémites ont toujours repoussé la mythologie grecque, malgré ses mille attractions; encore moins inclinaient-ils à s'approprier le système philosophique de Platon. Ce système est, du reste, en contradiction avec l'ancienne conception *eschatologique* des Hellènes, et semble provenir de la sagesse orientale.

3. Il est inexact de considérer l'ensemble des idées émises par les auteurs bibliques comme l'expression des sentiments et des tendances nationales des Hébreux. Ces auteurs appartiennent tous à une école particulière et en flagrante contradiction avec les croyances populaires, qui, dans les traits généraux, ressemblaient à celles des Phéniciens et des Araméens. Les idées combattues par l'école de Moïse portent précisément le vrai cachet national; or, parmi les rites le plus rigoureusement réprimés par le code de cette école, les sacrifices aux mânes et l'évocation des morts pour apprendre l'avenir occupent la première place, rites qui impliquent non-seulement la foi à la persistance de l'âme, mais aussi à la continuation de ses rapports avec Dieu. L'œuvre de Moïse et de ses continuateurs est le fruit de longues réflexions mûries dans le cerveau de quelques hommes d'élite; rien ne le prouve mieux que le silence absolu gardé dans les écrits bibliques sur la rétribution des actions humaines après la mort. En effet, quelques esprits distingués, un Moïse, un Spinosa, un Kant, peuvent, pour différentes raisons, en accentuant la valeur intrinsèque de la vertu, renoncer à toute autre récompense; mais, qu'une nation

entière, et surtout une nation comme Israël, qui se croyait particulièrement favorisée de Dieu, pousse l'abnégation jusqu'à ne lui rien demander après la mort en échange de son obéissance, ceci est inadmissible. Je ne sache pas que les philosophes contemporains soient disposés à accorder aux Israélites le privilége d'un désintéressement si sublime.

4. L'inscription funéraire d'Eschmounazar donne des renseignements très-explicites sur la doctrine de l'immortalité chez les Phéniciens; on y voit énoncée la croyance que l'homme vertueux mort continue à vivre dans le ciel et jouit de la contemplation de la Divinité. Ceci s'accorde avec la tradition des rabbins, qui est exprimée en ces termes dans le Talmud: העולם הבא אין בו אכילה ושתיה אלא צדיקים יושבים ועטרותיהם בראשיהם ונהנים מזיו השכינה « Le monde futur ne contient aucun plaisir corporel, comme manger et boire; mais les justes y seront assis, ayant des couronnes sur la tête (c'est-à-dire étant glorieux de leurs bonnes œuvres) et jouissant de la splendeur de la Divinité. » Sans doute, cette notion idéale était loin de constituer la croyance du bas peuple; l'imagination populaire aime ordinairement des récompenses plus matérielles et plus saisissables; mais de pareilles aspirations ne se montrent-elles pas, même de nos jours, parmi les gens de peu d'instruction? Le fait est qu'une conception très-idéale de la vie future et de la rémunération après la mort a été connue en Phénicie longtemps avant Socrate et Platon; c'est assurément un beau sujet de méditation pour tous ceux qui font des tendances spiritualistes l'apanage exclusif de la race arienne.

§ 19. — OBSERVATIONS SUR L'ORIGINE DE L'ALPHABET PHÉNICIEN.

Cet alphabet, qui marque une ère nouvelle dans le progrès du genre humain, se compose de 22 caractères correspondant à 22 articulations différentes, parmi lesquelles trois sont exclusivement propres aux idiomes sémitiques : *ḥet*, *ʿaïn* et *ṣadi*. Les inventeurs de cet alphabet étaient donc Sémites, et parlaient notamment une langue sémitique du nord qui n'a pas développé les sons aspirés et crachés ث, خ, ذ, ظ, ض, θ, propres au groupe sémitique méridional. Cette particularité convient parfaitement aux Phéniciens, dans la langue desquels les noms des lettres de l'alphabet peuvent s'expliquer d'une manière satisfaisante [1]. Quelques auteurs ont voulu revendiquer pour les Araméens [2] l'honneur de l'invention de l'alphabet; mais le peuple araméen, essentiellement continental, ne paraît pas avoir atteint un haut degré de civilisation dans l'antiquité reculée. Les écrivains bibliques citent avec éloge la science des Égyptiens, des Tyriens, des Babyloniens et même de quelques populations arabes; mais ils ne parlent jamais de celle des Araméens proprement dits [3]. Le besoin d'avoir une écriture expéditive a été certainement senti de bonne heure par les Phéniciens, qui, en leur qualité de commerçants et de navigateurs, étaient en relation avec le monde entier.

De nombreuses recherches archéologiques exécutées dans

[1] La nature toute mnémonique des noms des lettres phéniciennes n'a pas été estimée à sa juste valeur par M. Fr. Lenormant dans son grand ouvrage *Sur la propagation de l'alphabet phénicien* (p. 96); il n'y a aucun rapport entre la nomenclature et les formes des caractères. Les étymologies proposées à l'effet de prouver ce rapport laissent beaucoup à désirer. Ainsi, par exemple, טיט = טִיט signifie «boue, fange», et non pas «serpent»; פֵּא = פֶּה veut dire «bouche» et aucunement «visage»; קוף indique le «singe» au lieu du «nœud»; de même גָּמָל est bien simplement le «chameau»; l'expression גמלא, malgré l'autorité de M. Bœttcher, signifie difficilement «joug» dans le dialecte talmudique : le sens du dicton populaire לפום גמלא שיחנא est «la plaie (de la bosse) est proportionnée au chameau», c'est-à-dire «plus le chameau est grand, plus sa plaie est développée par suite du lourd fardeau dont son dos est chargé»; au figuré, les difficultés de la vie augmentent avec l'importance de la situation sociale.

[2] Diodore de Sicile, V, 74; conf. Clément d'Alexandrie, *Stromat.* I, 16, 75.

[3] Dans la fameuse confession nationale (Deutéronome, XXVI, 5), Abraham, le père du peuple juif, est qualifié de אֲרַמִּי אֹבֵד «Araméen égaré»; cette qualification renferme une double idée de misère.

la vallée du Nil ont prouvé qu'une grande partie de la basse Égypte (Delta) était anciennement peuplée par des Phéniciens [1]; les noms Νεῖλος et Siris (Pline, *Hist. nat.* v, 54), que porte le grand fleuve de l'Égypte chez les auteurs classiques, sont des mots phéniciens [2]. Ce long voisinage n'a pas manqué d'amener entre les deux peuples, malgré leur répulsion réciproque, un échange de vues et d'idées dont il est maintenant difficile de suivre les traces, parce que chacun d'eux s'est tellement assimilé les emprunts faits à l'autre qu'ils ont l'air d'être la propriété nationale de tous les deux.

L'alphabet phénicien offre un exemple très-frappant de ce travail d'assimilation.

Les auteurs anciens, sauf quelques-uns [3], attribuaient aux Phéniciens l'invention de l'écriture phonétique, c'est-à-dire de l'écriture qui, au lieu d'exprimer les idées par les images des objets, exprime les sons que la voix produit dans le langage. Pourtant les auteurs anciens savaient que, de tout temps, il existait en Égypte un triple système graphique avec une longue série de signes pour transcrire les sons de la langue parlée. Pourquoi donc attribuaient-ils aux Phéniciens l'invention de l'écriture phonétique? C'est que, entre le caractère mnémonique des signes égyptiens et l'alphabétisme des lettres phéniciennes, la différence est si grande que l'on est disposé à les considérer comme des créations indépendantes.

Il a fallu toute la science, toute la perspicacité de M. de Rougé, le digne chef de l'école égyptologique française, pour établir l'origine égyptienne de l'alphabet phénicien sur des

[1] Voir particulièrement les belles recherches de M. Ebers, dans son ouvrage intitulé *Egypten und die Bücher Mosis*, aux articles *Kasluhim* et *Kaphtorim*.

[2] Νεῖλος représente le mot phénico-hébreu נחל, qui s'applique à tout cours d'eau même temporaire; *Sir-is* rend l'expression hébraïque שחר, qui désigne le Nil, ou plus exactement une de ses embouchures (Jérémie, II, 18).

[3] La donnée la plus explicite sur la provenance égyptienne de l'écriture des Phéniciens est fournie par Tacite, *Annal.* XI, XIV.

bases désormais inébranlables[1]. Les recherches de MM. Brugsch[2], Lenormant[3] et Lauth[4] n'ont introduit aucune modification importante dans les conclusions de M. de Rougé, lesquelles ont de plein droit pris place parmi les découvertes de notre siècle.

L'origine égyptienne de l'écriture sémitique étant ainsi hors de doute, je demanderai la permission de dire quelques mots sur certains points secondaires qui ne me paraissent pas avoir été suffisamment traités jusqu'à présent, à cause du soin scrupuleux et assidu réclamé par la question principale.

Ces points sont ceux-ci :

1° Les Égyptiens du premier empire faisaient déjà usage de deux systèmes graphiques d'origine unique, mais à physionomie différente : le système hiéroglyphique et le système hiératique[5]; déterminer celui d'entre eux qui a été la source de l'écriture phénicienne;

2° Fixer la proportion dans laquelle a été fait l'emprunt des signes égyptiens par les scribes phéniciens;

3° Formuler la loi des altérations que les signes égyptiens ont nécessairement subies en passant aux mains des Phéniciens.

Voilà les trois points sur lesquels je me permets d'appeler l'attention des égyptologues, et sur lesquels aussi je me suis formé une opinion qui se trouve, à mon grand regret, en désaccord avec le résultat de leurs conclusions. Je considère donc

[1] M. de Rougé, *Mémoire sur l'origine égyptienne de l'alphabet phénicien* (Académie des inscriptions et belles-lettres, 1859).

[2] Brugsch, *Zeitschrift für Stenographie*, 1864.

[3] M. Fr. Lenormant, *Sur la propagation de l'alphabet phénicien dans l'ancien monde*, 1866 et 1872.

[4] Lauth, *Ueber den egyptischen Ursprung unserer Buchstaben und Ziffern*. Sitzungsbericht der bayerischen Academie der Wissenschaften zu München, 1867.

[5] Le système démotique n'entre pas en ligne de compte, étant d'une origine trop récente.

comme une affaire de conscience et comme un témoignage de respect envers nos maîtres d'exposer franchement les raisons de mes hésitations, et d'exprimer le désir que l'un ou l'autre des illustres défricheurs de l'antiquité égyptienne vienne apporter de nouvelles lumières pour éclaircir les derniers points obscurs de ce grand problème archéologique.

Pour le premier point, l'opinion généralement admise par les égyptologues est que le caractère phénicien découle de l'écriture hiératique. On suppose que les Phéniciens devaient avoir appris à écrire par les lettres commerciales qu'ils recevaient des Égyptiens; ils auraient ainsi connu tout d'abord le système hiératique, qui est une écriture épistolaire.

C'est sur la base de cette réflexion que M. de Rougé a dressé son tableau comparatif, que je crois utile de reproduire ici. Les formes égyptiennes sont puisées dans le papyrus Prisse, qui date de l'ancien empire; les caractères phéniciens comparés proviennent des plus anciens documents connus, comme l'inscription de Mêscha[c], roi de Moab, des intailles phéniciennes ou araméennes trouvées en Assyrie, d'après l'arrangement de M. Lenormant dans son récent ouvrage intitulé : *Essai sur la propagation de l'alphabet phénicien*, pl. I.

1.

2.

3.

4.

5.

6.

7.

8.

9.

10.

11.
12.
13.
14.
15.
16.
17.
18.
19.
20.
21.
22. [1]

Mais l'origine hiératique du caractère phénicien me paraît devoir être récusée par les considérations suivantes :

1° L'histoire nous apprend que, lorsqu'un emprunt d'écriture s'opère entre deux peuples, c'est toujours le caractère monumental qui s'emprunte le premier : l'écriture grecque s'est répandue dans la Gaule, chez les Syriens et jusqu'aux bords de l'Indus, et chaque fois que, chez ces peuples et dans ces contrées, on découvre une inscription ou une légende grecque, on la voit rédigée dans le caractère monumental et non pas dans le caractère cursif.

2° On sait maintenant que quelques peuples étrangers ont introduit des caractères égyptiens dans leur propre écriture. Or les documents de cette sorte, trouvés dans le territoire de

[1] Je suis obligé d'avertir le lecteur que les caractères phéniciens employés dans ce travail, étant des types d'impression, ne représentent nullement les formes archaïques, telles que les inscriptions nous les donnent. Celui qui voudra bien examiner les rapprochements proposés par les égyptologues et moi devra se rapporter pour chaque lettre aux *fac-simile* des documents originaux, publiés dans plusieurs recueils archéologiques et réunis pour plus de commodité dans les deux tableaux lithographiques joints à cet article.

Méroé et près de Hamath, sont composés d'hiéroglyphes purs et ne ressemblent pas du tout aux formes hiératiques.

3° L'écriture hiératique, ayant plus ou moins altéré les images primitives, est plus difficile à saisir que le système hiéroglyphique, et ne peut pas être comprise à fond sans la connaissance de ce dernier. Comment donc imaginer que, dans la haute antiquité, où d'innombrables barrières politiques et religieuses isolaient les peuples, des Phéniciens se soient mis à approfondir un système d'écriture si compliqué, afin d'y faire un choix de caractères en conformité avec les besoins de leur idiome?

4° Il est avéré que les Phéniciens attribuaient au dieu Tot l'invention des lettres[1]; les Égyptiens, de leur côté, font honneur au même dieu de leur écriture, qui n'est autre que l'écriture hiéroglyphique, mère de l'hiératique et immuable pour toujours, à laquelle, pour cette raison, ils ont primitivement donné l'épithète de *divine*[2]. On peut en conclure que les Phéniciens eux-mêmes croyaient leur écriture dérivée du système hiéroglyphique. Pourquoi, à moins de fortes preuves du contraire, ne nous en tiendrions-nous pas à la tradition phénicienne?

Je sais que les arguments historiques, tirés d'inductions par analogie pour prouver *a priori* que l'alphabet phénicien ne peut dériver que du système hiéroglyphique, ne tiendraient pas contre la réalité des faits ressortant du tableau compara-

[1] Ἀπὸ Μισὼρ Τάαυτος, *ὃς εὗρε τὴν τῶν πρώτων στοιχείων γραφήν· ὃν Αἰγύπτιοι μὲν Θωώθ, Ἀλεξανδρεῖς δὲ Θωύθ, Ἕλληνες δὲ Ἑρμῆν ἐκάλεσαν* (*Sanchoniathon*, éd. Orelli, p. 22). Μισώρ, frère de Σύδυκ, צדק «justice», est bien, quoi qu'en dise M. Ebers (*loc. cit.* p. 22), l'expression hébraïque מִישׁר, conformément à la traduction de Philon de Byblos, *εὔλυτον καὶ δίκαιον*, et n'a rien de commun avec le nom de l'Égypte מצרם, dont la forme plurielle est garantie par un proscynème d'Abydos. (Levy, *Phœniz. St.* IV, p. 22.) La signification du nom de *Thautes* est plus obscure; ce nom, comme plusieurs autres noms des divinités supérieures, tels qu'Amon, Ptah, Set, etc., se prête simultanément à des étymologies égyptiennes et sémitiques.

[2] Voir les inscriptions de Rosette et de Canope, et Lepsius, *Todtenb.* 94, 2.

tif donné par les égyptologues. Mais une pareille réalité existe-t-elle? Je ne le pense pas.

En effet, sans une grosse dose de bonne volonté, comment peut-on découvrir une similitude quelconque entre les signes hiératiques 1, 3, 5, 7, 10, 11, 13, 15, 17, 22, et leurs correspondants phéniciens supposés 𐤀, 𐤂, 𐤄, 𐤆, 𐤉, 𐤊, 𐤌, 𐤎, 𐤐, 𐤕, comprenant la moitié de l'alphabet? J'avoue que je n'y vois aucun rapprochement possible. Mais, au lieu d'exposer notre propre sentiment, citons plutôt le témoignage d'un auteur compétent, qui, partisan lui-même du système en question dans l'intérêt de sa thèse, reconnaît pourtant l'impossibilité de rapprocher plus de treize signes dans les deux écritures. Voici les paroles de M. Ebers : « Wir müssen Rougé, der die Lettern des Sarkophags des Eschmunazar benutzte, so wie seinem Nachfolger Lenormant zugestehen, dass wenn nicht 15, so doch 13 von 22 Buchstaben beider Schriftsysteme, ohne die Gesetze der Wahrscheinlichkeit zu verletzen, entschieden mit einander in Einklang zu setzen sind[1]. » On voit que mes doutes ne renchérissent pas beaucoup sur l'appréciation de M. Ebers.

Le second point concerne le nombre des signes empruntés par les Phéniciens à l'écriture égyptienne. Sur cette question les égyptologues admettent à l'unanimité que l'alphabet phénicien émane intégralement du système égyptien; ils s'efforcent, par conséquent, de trouver pour chaque lettre sémitique, le ʿaïn seul excepté, un représentant égyptien; quelquefois même ils sont involontairement poussés à violenter les formes de l'un ou de l'autre caractère, afin d'en faire mieux ressortir l'affinité.

Là-dessus, citons encore le témoignage de M. Ebers. Cet auteur s'exprime ainsi au sujet du signe hiératique que l'on

[1] Ebers, *loc. cit.* p. 150.

a rapproché du 9 phénicien : « Dieser hieratische Buchstabe ist ungenau; ich habe ihn wenigstens so nie für [hiéroglyphe] gefunden [1]. » Puis, à la page suivante, il fait cette observation significative : « Die Lenormantsche Tabelle scheint uns sehr sprechend zu sein, ist aber grosser Emendationen bedürftig, weil sie die Eigenthümlichkeit der semitischen gegenüber der egyptischen Lautsystemen zu wenig berücksichtigt. Lauths Arbeit muss gerade in letzterer Beziehung gelobt werden, er thut aber hier und da namentlich den phœnizischen Zeichen einen leisen Zwang an. »

Ce n'est pas tout; contre cette comparaison en bloc, fût-elle même exécutée avec toute la rigueur désirable, se présente une objection sérieuse :

L'alphabet phénicien renferme, outre les trois sons proprement sémitiques cités au début de cet aperçu, beaucoup d'autres articulations que l'organe égyptien n'a jamais distinguées bien nettement. Les anciens Égyptiens confondaient dans leur prononciation l'*r* et l'*l*, l'*f* et le *w*, le *k* et le *g*, le *t* et le *d*, l'*s* et le *z*; cela est surtout visible dans les transcriptions égyptiennes de noms propres étrangers; il manquait par conséquent à l'écriture égyptienne les signes nécessaires à la représentation de huit articulations phéniciennes, auxquelles il faut ajouter la lettre *i* qui n'avait pas de représentant simple dans le système égyptien, en tout neuf lettres, que les Phéniciens ne pouvaient pas trouver dans l'écriture de leurs voisins.

Quelques exemples rendront plus clair le mode de transcription usité chez les Égyptiens, et prouveront suffisamment la gêne perpétuelle où ils se trouvaient et à laquelle ils n'ont jamais pu remédier par une méthode régulière et constante.

Les articulations *r*, *l* sont indifféremment rendues par les figures de la bouche et du lion : [hiéroglyphes], *Šar-*

[1] Ebers, *loc. cit.* p. 149, note 4.

tana, Sardaigne, שרדן et , *Ba'al,* בעל. La figure du lion rend l'articulation *l* dans le nom de Ptolémée, et *r* dans celui de la ville de Beth-Ḥoron, בית-חרן, en Judée.

Le signe se lit tantôt *f,* tantôt *w,* ou, pour parler plus exactement, il exprime un son moyen entre ces deux articulations, que le copte transcrit par la lettre ϥ.

Le signe répond au *k* dans *Markabuta* = מרכבת « char », et au *g* dans *Gamal* = גמל « chameau », et dans *Maketau* = מְגִדּוֹ, « Mageddo » ville de Palestine.

La dentale *t* est ordinairement représentée par un des signes , , , . Néanmoins ces signes transcrivent également l'articulation *d* dans les groupes égyptiens qui correspondent aux expressions sémitiques צַד ou שֵׁד, מְגִדּוֹ, נִמְרֹד, דָּרְיָוֶשׁ. Quelquefois on trouve la combinaison *nt* (ou *th*) pour rendre l'articulation *d,* méthode pareille à celle usitée chez les Grecs modernes et qui témoigne de l'embarras que leur causait ce son étranger.

L'articulation *z* manque aussi à l'idiome égyptien; le ז des Sémites se rend ordinairement par *s* ou par *dj,* comme il résulte de la comparaison des mots coptes ⲥⲓϥⲓ « poix », ϫⲱⲓⲧ « olive », avec les termes sémitiques זֶפֶת, זַיִת.

Je pense donc que, en face d'une divergence organique si capitale entre les deux idiomes, il sera difficile de défendre l'idée d'assigner à chaque lettre de l'écriture phénicienne un modèle égyptien.

Il me reste encore à considérer le troisième et dernier point du sujet, celui qui concerne les altérations pratiquées sur les signes égyptiens par la tachygraphie phénicienne. Les égyptologues paraissent avoir abandonné ces transformations au pur hasard, puisque, d'après leur système, il n'y a aucune règle fixe dans ces changements. Cependant on peut se demander pour quelle raison les scribes phéniciens, qui ont fidèlement copié la forme du n° 20, se sont refusés à adopter telles quelles

les formes non moins simples 8, 10, 11, 13, 14, 15, 22, au lieu de les changer en 𐤇, 𐤆, 𐤊, 𐤌, 𐤊, 𐤎, 𐤕, formes beaucoup plus complexes que leurs modèles. Est-ce par caprice que les scribes phéniciens ont transformé le n° 13 en 𐤌 et le n° 17 en 𐤓, tandis qu'un changement inverse aurait été plus naturel? Pour ma part, je n'ose pas croire au rôle de pareils caprices dans l'invention des lettres.

Mais, dans l'ordre de ces transformations, il y a une circonstance qui s'accorde assez mal avec le système que j'ai en vue. La plupart des signes hiératiques sont terminés à leur partie inférieure par un trait de calame plus ou moins brisé, dû à la tachygraphie; d'après l'opinion des égyptologues, ce trait explétif aurait été *rigidifié* par les Phéniciens, de manière à en faire la haste ou le support des lettres; mais alors comment se fait-il que plusieurs caractères phéniciens correspondant à des signes hiératiques dépourvus de trait explétif, tels que les n°s 1, 3, 5, 22, ont chacun une haste, tandis que, au contraire, les lettres 𐤈 et 𐤔, extraites des signes à tiges n° 9 et n° 21, n'ont aucun support? Est-ce un nouveau hasard, un nouveau caprice de scribe?

De ce qui précède il paraît ressortir que le système de comparaison employé jusqu'ici par les égyptologues montre des côtés très-vulnérables et demande de notables modifications.

La comparaison, pour présenter quelque certitude, doit se pratiquer dans les limites étroites qu'on peut préciser ainsi :

1° Il faut que les signes égyptiens qui servent de comparaison soient pris dans le système hiéroglyphique;

2° Il faut qu'on se borne à comparer les signes qui représentent des articulations communes aux deux langues;

3° Il faut que la similitude des signes correspondants soit réelle par rapport à la forme, et qu'il y ait en outre une articulation identique; un rapprochement approximatif ne peut pas suffire;

4° Il faut que les altérations supposées pour tel signe soient justifiées par l'analogie ou expliquées par une raison particulière; tout hasard ou arbitraire doit être exclu.

C'est sous l'empire de ces exigences, qui me semblent être une condition indispensable pour mener la recherche paléographique à un résultat positif, qu'a été dressé le tableau que j'ai eu l'honneur de mettre sous les yeux de l'Académie; j'y ai fait figurer treize hiéroglyphes montrant une affinité évidente avec treize caractères phéniciens, et pour la forme et pour le son.

Ces treize hiéroglyphes sont : [illegible], [illegible], [illegible] ([illegible]), [illegible], [illegible], [illegible], [illegible], [illegible], [illegible], [illegible], [illegible], [illegible], [illegible]; ils ont une forme linéaire facile à tracer et représentent les articulations *a, b, s, m, r, th, k, n, w, t, q, h, š*, qui comprennent la totalité des sons communs à l'idiome égyptien et à l'idiome phénicien. Leurs correspondants dans l'écriture phénicienne sont : [illegible], [illegible], [illegible], [illegible], [illegible], [illegible], [illegible], [illegible], [illegible], Δ, o, [illegible], W; les dissemblances qui s'accusent à première vue disparaîtront aussitôt qu'on se pénétrera de la loi qui a présidé aux altérations.

Quant aux caractères dont l'articulation n'a pas d'équivalent dans l'idiome égyptien, je les suppose dérivés des lettres fondamentales par de légères modifications; ainsi les lettres L *l*, [illegible] *ph*, [illegible] *i*, Z *z*, sont abrégées de leurs homœophones respectives [illegible] *n*, [illegible] *w*, [illegible] *h* et W ([illegible]) *š*; l'addition d'un trait vertical distingue le [illegible] *q* du o *ʿaïn*, le [illegible] *ḥ* du [illegible] *h* et le [illegible] [illegible] *ṣ* du [illegible] *z*, et enfin le prolongement des lignes adjacentes du Δ privé de base qui a produit la lettre X *t* provient du désir d'éviter la confusion avec Λ *g*. Cette formation secondaire est, selon toutes les apparences, postérieure à l'époque dans laquelle a été fait l'emprunt principal, et doit son existence au besoin de précision phonétique qui s'est fait sentir plus tard; au premier âge de l'écriture alphabétique, on se contentait probablement d'une transcription approximative à la manière des Égyptiens.

Un coup d'œil jeté sur le tableau que voici fera mieux saisir la filiation des signes telle que je me la figure. Les caractères phéniciens sont puisés dans l'alphabet cadméen, moabite et sidonien archaïque; les formes araméennes ou celles qui sont postérieures à la rédaction de l'inscription d'Eschmounazar ne sont pas prises en considération.

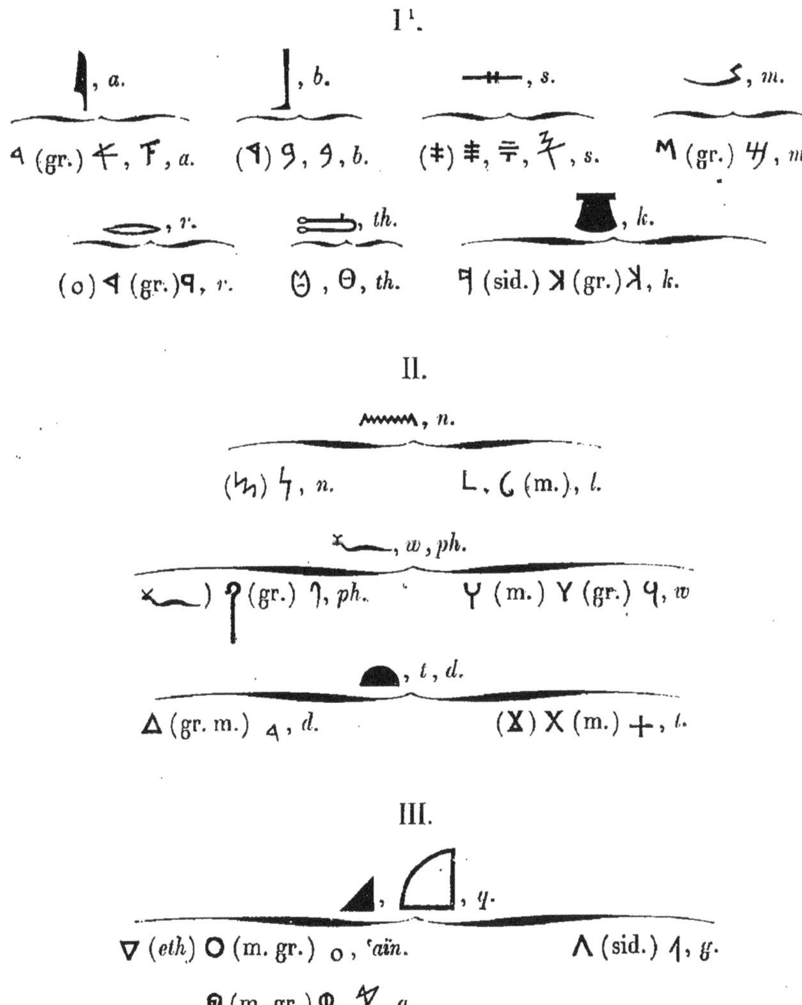

[1] Voy. pl. II à la fin de cet article.

[glyph], *h.*

(glyph) glyph, *h.* glyph (m.) glyph, *ı.*

glyph, *ḥ.*

[glyph], *s.*

W (m.) ω, *š.* ≷, Z (m.) I (m. gr.), *z.*

glyph, glyph (m.), *ṣ.*

Les altérations éprouvées par les hiéroglyphes entre les mains des Phéniciens peuvent être ramenées aux deux lois suivantes :

1° Les caractères tendent à se terminer par une haste plus ou moins recourbée qui leur sert de support, et dans ce but le] a dû être renversé; deux caractères seulement font exception à cette règle : le ʘ à cause de sa forme pleine, et le W de peur qu'il ne soit confondu avec glyph. Cette tendance est allée en grandissant dans la suite, de sorte que les lettres Δ et ⱶ, qui, à en juger par les formes grecques et moabites, reposaient primitivement sur leurs bases, ont fini par avoir chacune une haste dans les documents de la Phénicie; cela est arrivé à d'autres lettres aussi et a été la source de confusions irrémédiables.

2° Les hiéroglyphes couchés ont été redressés, ce qui a déterminé la chute de petites bases dans les lettres [glyph] et [glyph]; cette dernière lettre conserve pourtant sa base dans l'inscription d'Eschmounazar; on peut en déduire que ces pertes ont eu lieu plutôt par localité que par époque. Le [glyph] a vu ses ondulations réduites à une seule; par contre, le [glyph] s'est augmenté d'un petit appendice (M, glyph) et le ǂ d'un trait horizontal, à l'effet de les distinguer du ϟ et de l'aleph à l'angle non fermé ꟻ.

On voit que les altérations opérées par les scribes phéniciens sur les signes hiéroglyphiques sont dues à deux tendances contraires : celle qui consiste à harmoniser les formes et celle qui consiste à accuser les différences phonétiques. Cette dernière tendance, qui nous a valu l'invention des lettres non représentées en égyptien, s'est affaiblie plus tard chez les Phéniciens, surtout dans leurs colonies. Après la chute de la puissance carthaginoise en Afrique, l'écriture phénicienne s'est usée à tel point, que la plupart des lettres étaient réduites à de simples traits obliques.

Si l'hypothèse que je viens d'énoncer était fondée, il serait possible d'avoir pour l'antiquité des documents phéniciens un critérium plus positif que celui dont la paléographie sémitique dispose aujourd'hui. On devra tout d'abord être très-circonspect dans les conclusions du style d'une région à une autre; car telle forme qui apparaît tard dans une contrée peut avoir existé depuis longtemps ailleurs; puis, en général, on aura à se régler sur cet axiome : « Plus le document est ancien, plus le caractère en doit ressembler aux modèles hiéroglyphiques. »

En terminant cet aperçu, je dois faire remarquer qu'une opinion, par un certain côté analogue à la mienne, relativement à la filiation des caractères phéniciens, a été soutenue par M. le docteur Levy et par M. Wutke; seulement ces deux savants ont attribué à ces caractères une origine indigène ou babylonienne, thèse impossible à défendre après l'étude décisive de M. de Rougé. Le plus grand inconvénient de leur système est la présomption que ces filiations auraient procédé par ordre organique; ainsi, par exemple, l'aleph aurait lui seul produit les autres gutturales, le bet aurait donné naissance à toutes les labiales, etc., toujours en commençant par l'articulation la plus faible du même organe. Ce système fait supposer aux Phéniciens une connaissance phonétique qu'ils ne pouvaient évidemment pas avoir. L'invention de l'alphabet, loin d'être une œuvre spontanée, scientifique et réfléchie, est un travail inconscient et presque machinal, accompli lentement par les scribes phéniciens sur les figures rudimentaires empruntées à l'Égypte. Qui sait combien de siècles l'écriture sémitique a mis pour arriver à cette harmonieuse unité, qui fait notre admiration? Il en est de l'alphabet phénicien comme de ces édifices grandioses que l'antiquité nous a conservés : vus de loin, ils semblent être faits d'une seule pièce; quand on les examine de près, on ne tarde pas à découvrir toute une série d'œuvres détachées et de substructions d'époques différentes. L'examen ne détruit pas l'effet qu'ils sont appelés à produire, mais il diminue considérablement le prestige du merveilleux [1].

[1] Quelques semaines après la lecture de cette dissertation, une mort prématurée et soudaine a enlevé M. de Rougé à la science égyptologique, dont il était le digne représentant. La grande âme du maître regretté se révèle dans la critique bienveillante qu'à deux reprises il a consacrée à ce modeste travail. Tout rempli de l'amour de la vérité, il aima la discussion et ferma les yeux sur l'infériorité scientifique et sociale de ceux qui étaient en désaccord avec ses vues. Dans sa seconde réponse, M. de Rougé a bien voulu faire un pas décisif en faveur de ma thèse; contrairement à sa première opinion, il fait dériver le ✝ phénicien de la forme hiéroglyphique [hiéroglyphe]. (*Comptes rendus de l'Académie des inscriptions et belles-lettres*, 1872, p. 366.)

www.ingramcontent.com/pod-product-compliance
Ingram Content Group UK Ltd.
Pitfield, Milton Keynes, MK11 3LW, UK
UKHW012216240726
13966UKWH00003B/789